LA ÚLTIMA OPORTUNIDAD

CARLOS CUAUHTÉMOC SÁNCHEZ

LA ÚLTIMA OPORTUNIDAD

**NOVELA DE SUPERACIÓN
PERSONAL Y CONYUGAL**

Ediciones Selectas Diamante, S.A. de C.V.
Libros que transforman vidas

LA ÚLTIMA OPORTUNIDAD

Derechos reservados
© 1992 Carlos Cuauhtémoc Sánchez.
© 1994 Ediciones Selectas Diamante, S.A. de C.V.
   Libros que transforman vidas.
   Convento de San Bernardo N° 7,
   Jardines de Santa Mónica, Tlalnepantla,
   Estado de México, C.P. 54050 Ciudad de México.
   Tels. y Fax: (5)397-79-67, 397-31-32,
                397-60-20, 397-59-21
   E-mail: diamante@data.net.com
   Miembro de la Cámara de la Industria Editorial
   Mexicana N° 2778.

ISBN 968-7277-12-7

IMPRESO EN MEXICO
PRINTED IN MEXICO

Portada: *"Orfeo"*. Gustav Moreau (1826-1898),
         Museo de Orsay.

Esta obra se terminó de imprimir en octubre de 1998.
En los talleres de Fernández Editores, S.A. de C.V.
La edición consta de 25,000 ejemplares.

CONTENIDO

Viviendo cerca de un amor conyugal tan hermoso aprendí a respetar a la pareja y a anhelar tener una así. Todo tiene un principio: Por eso, papá y mamá, públicamente les doy las gracias. Sin ustedes nada en mi vida hubiera sido igual.

PREFACIO

Un fracaso matrimonial es algo para lo que comúnmente no se está preparado. La decisión de casarse viene siempre acompañada de una fuerte carga de ilusiones y sueños… *"El divorcio es un infortunio que sucede sólo a los demás, a los que no se aman, a los que descuidan a su pareja… Eso nunca me ocurrirá a mí…"* De la misma forma visualizamos a una familia unida, con niños lindos y sanos… *"¿Y los bebés enfermos? Ah, son raros, y por supuesto, Dios mediante, no me tocará a mí…"*

No puedo menos que sonreír con aciaga melancolía. Los hechos son a veces tan distintos de los anhelos…

Mi único hijo se hallaba en la sección de terapia intensiva, en el séptimo piso del hospital; su estado era crítico y su diagnóstico incierto; mi esposa estaba con él. Sólo se permitía una visita por vez y yo tenía que esperar hasta que ella saliera. No había mucho que hacer. Mi esposa no me permitiría ver al niño…

¡Qué pesadilla tan cruel! Mi hijo estaba al borde de la muerte. Mi matrimonio deshecho…

Era de noche cuando tomé pluma y papel por primera vez con la sola intención de desahogarme.

Me encerré con doble llave en la habitación y permanecí estático por varios minutos.

Jugueteé con la pluma. Tracé algunos garabatos grotescos. Necesitaba poner en orden mis ideas, descubrir en qué momento comencé a bajar el tobogán que me condujo hasta allí. Discutir con Dios en voz alta y calibrar los recuerdos de algunos hechos que aún no entendía.

Al fin mi letra se dibujó redonda y grande al comenzar a reclamar:

¿En qué pensabas, Señor, cuando hiciste aparecer en mi vida a esa mujer y propiciaste nuestra unión, sabiendo que no éramos compatibles? ¿En qué pensabas cuando, hincado con ella frente a tu altar, nos bendijiste sabiendo las enormes dificultades que nos esperaban? ¿En qué pensabas cuando me ocultaste sus defectos permitiendo que yo me diera cuenta de ellos cuando era demasiado tarde? ¿En qué pensabas cuando permitiste que nuestro hijo viniera al mundo en un cuerpo a veces sano y a veces traicioneramente enfermo? ¿Por qué no me preparaste? ¿Por qué te has deleitado en jugar conmigo?

Detuve la incipiente reclamación. Miré por la ventana. La noche era clara y diáfana. Hacía tiempo que no veía un cielo nocturno así... Mi alma estaba deshecha; mi espíritu atribulado; mi cuerpo cansado... Reinicié la escritura como el viajero que se aventura a una tierra extraña, tratando de hallar tesoros escondidos en los que nadie cree.

Atrapado por tan deprimentes circunstancias entendí los conceptos más importantes de mi existencia. Tuve que caer hasta el sumidero para detenerme a reflexionar. Una y otra vez me preguntaba, mientras escribía, por qué no lo hice antes.

1

SI QUIERES IRTE, VETE

La epilepsia de nuestro hijo Daniel fue evolucionando lentamente. Primero tuvo las llamadas crisis focales sensoriales (constantemente decía oler o escuchar cosas que nosotros no percibíamos); más tarde aparecieron las "ausencias" del mal (periodos breves de poca duración en los que el pequeño fijaba la mirada, suspendía la actividad que venía realizando y permanecía quieto como estatua, sin conocimiento y sin capacidad para responder a estímulos externos). Finalmente, después de un periodo bastante largo en el que no sufrió ataque alguno, apareció la primera crisis convulsiva tónico-clónica del gran mal.[1]

Esa noche también sobrevino el caos familiar.

Estábamos en la casa después de un día común de trabajo. Nos disponíamos a dormir cuando escuchamos la voz del pequeño llamándonos desde su recámara. Mi esposa acudió de inmediato. Yo seguí con toda calma colgando mi traje y mi corbata.

—David, ven rápido. Por favor...

Detuve mis movimientos en señal de alerta. La voz de Shaden sonó verdaderamente alarmada. Reaccioné y asustado corrí al cuarto del niño.

—Tiene alucinaciones... Otra vez.

---

[1] Diego Roselli Cock, *Lo que el enfermo y su familia deben saber acerca de la epilepsia*, Ediciones Científicas La Prensa Médica Mexicana.

Me hinqué frente a mi hijo que, llorando, levantaba la mano derecha y señalaba un ente monstruoso que sólo él veía. Su mirada estaba desencajada y sus palabras eran incongruentes, muestra inequívoca de la actividad eléctrica desordenada de su corteza cerebral.

—Cálmate, mi vida —le decía tratando de abrazarlo—. No es nada... Cierra los ojos...

Pero Daniel seguía gritando presa de un terror indecible, con el rostro rígido y contraído en un rictus de pánico...

—No quiero que se vayan... —articulaba entre gemidos.

—¿Qué dices? Nadie se va a ir...

En ese momento se tranquilizó y tuvo un periodo de franca lucidez...

—Siento el aura —balbuceó—, los brazos me cosquillean, tengo mucho miedo, papá...

—No va a pasar nada... —le dije al momento en que lo recostaba en su cama previniendo lo que *sí* podría pasar...

—Los quiero a los dos... juntos...

Fue lo último que dijo antes de lanzar un grito sordo y paralizarse. Entonces comenzaron las convulsiones.

Shaden y yo habíamos leído mucho respecto a las diferentes manifestaciones de la epilepsia, pero nunca, hasta esa noche, presenciamos de cerca la fuerza de un ataque espasmódico del gran mal. Mi esposa se mordió el puño llorando y yo, con torpeza, aflojé la ropa del pequeño para ayudarlo a respirar y puse almohadas a sus costados. La impotencia de no poder hacer otra cosa era tanto más terrible cuanto más violentas las contracciones. Se recomendaba no tratar de inmovilizarlo, ni introducir objetos a su boca, ni darle medicamentos o remedios... Sólo esperar...[2]

A los pocos minutos las sacudidas se hicieron más suaves, hasta que fueron desapareciendo por completo. El niño recobró parcialmente el conocimiento moviendo la cabeza y quejándose.

Las lágrimas me llenaron los párpados. Lo abracé susurrándole al oído que lo amábamos.

---

[2] Academia Nacional de Medicina, *Enciclopedia de la Salud Familiar*, (Ed.) Tony Smith.

Shaden también se acercó a acariciarlo. Era en extremo doloroso enfrentar el sufrimiento de un hijo y no poder hacer nada para ayudarlo.

—Los quiero a los dos... *juntos* —articuló pastosamente, como si su mente se hubiese detenido en la misma idea anterior a la crisis.

—Aquí estamos, mi vida —le dije con un nudo en la garganta—. Los dos juntos. No te preocupes... Trata de descansar... Todo está bien.

Ignoro cuánto tiempo pasamos contemplándolo. Ya estaba muy avanzada la noche cuando me incorporé y le indiqué a mi esposa que debíamos irnos a nuestra recámara. No me contestó. Me encogí de hombros. Últimamente habíamos tenido serios problemas conyugales. Si quería pasarse la noche dándose de topes contra el entresijo era asunto suyo.

Salí del cuarto de mi hijo y me metí a la gélida cama matrimonial. Durante un largo rato estuve recostado con los ojos fijos en el techo. Los cerré simulando dormir cuando mi esposa entró a nuestra recámara. Encendió la luz y se detuvo de pie junto a mí para observarme.

—Sé que estás despierto.

Permanecí inmóvil. ¡Qué honda depresión me ahogaba! ¡Cuán infame se presentaba ante mi mente la cadena de preocupaciones! Después del acceso de Daan, sentía especialmente deseos de salir corriendo. ¿Cuánto hacía que no compartía con nadie mis sentimientos?

Shaden comenzó a desvestirse. No entreabrí los párpados para admirar sus esbeltas formas, como lo hacía antaño. Se acercó y en gesto de caricia puso una mano sobre mi frente para decirme:

—Nos necesita unidos, ahora. ¿Qué nos está pasando, David? Me siento muy sola.

Quise contestar "yo también", pero mi boca permaneció cerrada. Trató de sentarse a mi lado y, como no halló espacio, se incorporó confundida y triste.

Abrí los ojos. En la habitación se respiraba un ambiente nostálgico, como si el aire hubiese multiplicado su densidad y tratara de aplastarnos...

—¿Qué es lo que te ocurre? ¿Estás enojado conmigo? ¿Te hice algo? ¡Dímelo! ¡Ya me cansé de tu silencio!

—Déjame en paz —espeté—. Estoy afligido por lo que acaba de suceder. ¿No te das cuenta?

—¿Y tú crees que yo estoy feliz? ¿Por qué no podemos compartir nuestras ideas ni siquiera en momentos como éste?

—Van a dar las tres de la mañana. Yo tengo que levantarme a las seis. No es momento para compartir nada.

—Siempre debes levantarte temprano... Ahora trabajas más y lo curioso es que tenemos menos dinero. ¿A qué se debe? ¿Por qué ya no vienes a comer? ¿Por qué llegas cada vez más tarde a casa?

—¡Ya basta...! —le grité con fuerza—. ¡Déjame en paz!

—No, no basta. Por favor, David. Explícame qué rayos está pasando. ¿Acaso hay otra mujer?

—Bueno sería...

Shaden se quedó quieta frente a mí tratando de recuperar el aplomo. Un abismo infranqueable nos separaba.

Recordé haber leído que cuando le preguntaron a 400 psiquiatras por qué realmente fracasaban los matrimonios, 45 por ciento contestaron que uno de los factores principales era la incapacidad de los maridos para expresar sus sentimientos.[3]

—Si tú y yo nos entendiéramos mejor, el más beneficiado sería nuestro hijo...

Su último recurso me aplastó. Yo era capaz de hacer cualquier cosa por mi niño... Siempre lo había dicho. Además esto no podía seguir: era un martirio vivir así.

Me senté al borde de la cama frotándome la cabeza. ¡Cómo necesitaba dar escape a tanta presión interna, expulsar las penas, vomitar las toxinas de mi conciencia! Ya no era posible llevar a cuestas la carga de preocupaciones, miedos y conflictos irresolutos. Esa máscara encrespada era un mecanismo de defensa para ocultar mi naturaleza vulnerable, pero en el mundo competitivo de los negocios y la política sólo se sobrevive siendo manipulador, desconfiado y frío, y resulta muy difícil desahogarse cuando se está tan acostumbrado a callar...

---

[3] Steven Naifeh y Gregory White, *¿Por qué los hombres ocultan sus sentimientos?*, Editorial Javier Vergara.

—Hace tiempo que dejaste de luchar por nuestro matrimonio —remarcó mi esposa al verme enmudecido—, y Daan no se merece eso.

—Otra vez lo mismo... —contesté cayendo en la cuenta de que intentaba chantajearme—. ¿Quieres apartarte de mi vista?

—Mira, David: yo también me estoy cansando de ti... He hablado mucho con otras personas y todos están de acuerdo en que no puedo permitir que me sigas tratando de esa forma.

—¿Todos están de acuerdo? ¡Vaya! Y seguramente tu madre es la primera... ¿Cuándo aprenderá esa señora a no meterse en lo que no le importa?

—Pues, independientemente de lo que otros opinen, me estoy cansando, y debo decirte que si las cosas no cambian vas a perderlo todo...

Me puse de pie sintiendo cómo la ira comenzaba a calentarme las manos.

—¿Estás amenazándome?

Tardó en contestar. Le costó trabajo cruzar ese puente y sincerarse, pero finalmente lo hizo.

—No es amenaza. Sólo quiero hacerte saber que ya no estoy dispuesta a vivir con alguien que me trata como si fuese basura... Así que he comenzado por pedir asesoría a unos abogados.

La miré con los ojos muy abiertos.

—¿De modo que planeas divorciarte?

—Si tú no cambias, sí.

—Pues vamos a poner manos a la obra. Ve con tus abogados mañana y me mandas los papeles del divorcio a la oficina. Yo me voy de una vez y para siempre.

Caminé hasta el armario y comencé a arrojar mi ropa al suelo sin ton ni son. En realidad no deseaba irme ni divorciarme, pero tampoco podía mostrarme doblegado ante su desafío. Comencé a hacer mi maleta en espera de que se retractara. Eso solía ocurrir: podíamos alegar durante horas sin llegar a ningún lado pero en el momento en que yo usaba el recurso de esfumarme ella cambiaba de actitud, se ponía enmedio, me pedía que no me fuera, y yo aprovechaba para lanzar blasfemias, gritos e insultos superlativos. Era una forma de recuperar mi autoridad. No era la mejor, pero cuando estaba con mi familia me sentía tan infeliz y devaluado que precisaba echar mano de cualquier recurso para lograr respeto.

En la empresa, la gente me trataba con gran deferencia: los empleados me adulaban, las secretarias me brindaban un trato delicado, los proveedores me llevaban regalos y nadie podía entrar a mi oficina sin previa cita.

En mi hogar, en cambio, yo era "el viejo", "el ogro", "el gruñón", "el ruco"; cuando llegaba, las risas se apagaban y las conversaciones entusiastas entre mi esposa e hijo se desvanecían. Era tan notorio el contraste que, en mi casa, sólo siendo duro lograba comedimiento.

—Tú debiste ser hombre —dije metiendo la ropa sin cuidado en la valija—. Quieres llevar las riendas, pero a mí no me vas a manejar.

—Claro que me hubiera venido bien ser hombre para tener derecho a gritar, igual que tú.

—De todas formas lo haces. ¿O es que no te has oído, bruja histérica? Te gusta mandar y disponer, pero lo absurdo es que también quieres que te mantengan.

—¡Lárgate de esta casa!

—Claro que me voy. Ese siempre fue tu deseo, ¿verdad? ¿Por qué no lo dijiste antes?

—Porque te tenía miedo, pero ya no, ¿me oyes?

—Así que ése es tu plan. ¿Y desde cuándo? ¿Las feministas te lavaron el cerebro? ¿Te dijeron que debes estar en la onda de la liberación? Mira que si salgo por la puerta ahora no me volverás a ver, te lo advierto...

—Ya no amenaces que me das lástima. Vete. Te estás tardando.

Me volví de espaldas y seguí haciendo mi maleta.

—Quiero que cuando estés lejos recuerdes la enfermedad de tu hijo —remató—. Ya viste cómo le afectó la idea de nuestra separación.

—¿Ya le dijiste que estás viendo abogados?

—Sí, para prevenirlo.

Pateé el equipaje y comencé a dar vueltas por el cuarto. Recordé que, antes de la crisis, el niño había gritado una y otra vez "no se vayan", y después del ataque remarcó la frase "los quiero a los dos… *juntos*".

—¡Maldición…! —mascullé—. ¿Sabes que haberle dicho eso pudo ser la gota que derramó el vaso en su sistema nervioso? ¡Maldición, maldición! —repetí dando dos, tres, cuatro puñetazos con todas mis fuerzas en la pared, hasta que un intenso dolor en los nudillos me detuvo.

Salí del cuarto. Mi esposa me siguió hasta la sala.

—Las cosas no se pueden ocultar. ¿Crees que Daniel es tarado? Él se da cuenta de todo. Además no fue por eso que sufrió el ataque. Tiene más de un año que los síntomas desaparecieron y creímos que se había curado, así que hace dos semanas le suspendimos el medicamento, ¿ya no te acuerdas? Por eso pasó lo que pasó.

—¿Le suspendimos…? ¿Dejaste de darle la etosuximida? —me le aproximé con los ojos muy abiertos y respirando agitadamente.

Mi esposa dio un paso atrás. Había detectado que el fantasma asesino de la ira se había apoderado de mí.

—Sí. Acuérdate de que te lo comenté.

—Nunca me dijiste nada.

—Lo hice, pero tú no sueles escucharme. Cuando hablo, piensas en otras cosas y me contestas a todo que sí.

La ira me cegó. El organismo de los animales ante el enojo o el miedo deja de irrigar sangre al cerebro para tonificar los músculos y disponerse a huir o atacar. Algo parecido me ocurrió.

—Eres una estúpida. ¡Angustiar al niño diciéndole que sus padres posiblemente se divorcien y suspenderle bruscamente la medicina…! No cabe duda de que eres una real y reverenda estúpida.

—Y tú… un cobarde, puerco. Como marido dejas mucho que desear.

—¡Cállate, infeliz!

—¡Nunca has madurado! ¡Te crees muy listo, pero la verdad es que eres un cobarde que se escuda en el trabajo para no cumplir como marido…!

Tuve deseos de echarme sobre ella y matarla, pero la ira me paralizó. Detrás de mí estaba el ventanal de cristal filtrasol;

me volví y lo golpeé fuertemente haciéndolo añicos, por lo que sufrí algunas cortadas con el vidrio.

—¿Para qué discutimos tanto por tener lo que tenemos? —reclamé—. ¿Qué caso tiene todo esto si tú estás planeando divorciarte? —caminé batiendo muebles, rompiendo floreros y estatuillas—. Nos divorciaremos —bufé acercándome a ella—, pero tarde o temprano me quedaré con el niño. Me iré de tu vida y me llevaré a Daan.

—¡Estás loco! —gritó—. Vales más muerto que vivo. Desaparécete. Eres un maldito psicópa...

No la dejé terminar. Alcé la mano derecha y con todas mis fuerzas la impacté sobre su rostro. La potencia de tan tremenda bofetada la hizo rodar por el piso.

Shaden reptó hacia atrás observándome aterrada, al tiempo que se soltaba a llorar limpiándose la sangre que le escurría por la boca. Concluí que todo era inútil, que mi matrimonio se había ido al demonio definitivamente. Miré mi rostro desencajado en el espejo: parecía una bestia sin control. Sentí lástima y rabia.

Esta vez mi vida parecía dispuesta a dar un vuelco radical.

Nunca imaginé a qué grado.

2
¿VALE MÁS EL TRABAJO
O LAS INFLUENCIAS?

Me dirigí a la recámara principal para terminar de arreglar mis cosas.

Al tomar la valija estaba temblando.

La escena recién vivida me parecía un sueño incongruente y despiadado... ¡Le había pegado a mi esposa!

Ahora comprendía por qué los maridos solemos caer, con mayor frecuencia que las mujeres, en adulterio, alcoholismo, infidelidad, abandono de hogar o mal humor crónico. No es que la naturaleza masculina sea proclive a la corrupción ni que a los hombres nos guste el libertinaje egoísta, sino que las emociones no habladas, los sentimientos acumulados sin desahogo, ocasionan una presión interna que, tarde o temprano, nos hace explotar en palabras hirientes, escapes inaceptables e incluso en extremos como el de levantarle la mano a la pareja o darle un golpe, llegando así a la coronación de la estupidez.

Escuché que la puerta del cuarto de Daan se abría. ¿Shaden pretendía dormir con el niño? ¿O acaso quería llevárselo? Pero, ¿llevárselo adónde? ¡Qué más daba! Yo estaba expulsado del campo de juego.

Continué preparando mis cosas.

El timbre del teléfono comenzó a tintinear levemente. Mi mujer marcaba un número desde la otra extensión. ¿A quién podría estar llamando a las cuatro de la mañana? Observé el aparato color pistache en la mesita del pasillo y me acerqué al auricular para averiguarlo; pero estaba a punto de descolgar la bocina cuando noté junto al aparato un papel amarillento que hacía años no veía. Había sido colocado de forma evidente para que lo descubriera. Cinco años atrás Shaden y yo participamos en un retiro conyugal e hicimos una renovación de nuestros votos matrimoniales, tras lo cual leímos y firmamos juntos ese papel pergamino... En ese momento no supe si lo había dejado ahí para burlarse, para despedirse o para hacerme sentir más humillado por mi tropelía.

Escuché su voz en el piso inferior. Se estaba comunicando con alguien. No tenía caso entrometerme. Si había llamado a la policía para acusarme de haberla golpeado, no me defendería. Y si se lo estaba comentando a su madre... era cosa de ella.

El diálogo que sostuvo fue muy corto. Cuando la oí colgar, bajé con la excusa de ir a la cocina por algo. Shaden estaba sentada en un sillón de la sala, junto al teléfono. Daan dormía en su regazo...

Pasé de largo simulando no verlos. Al regresar de tomar un poco de agua que no apetecía, mis ojos se cruzaron con los de ella. Su rostro se había hinchado un poco: trataba de desinflamar la contusión con un bolsa de hielo. Quise decirle que había visto la hoja con la promesa matrimonial de aquel retiro, que estaba muy arrepentido por haberla golpeado... pero en su lugar giré la cara: siempre me enseñaron a no mostrarme débil, a tener la razón. Fue un momento crítico, un momento de silencio en el que los caminos pudieron enderezarse. Tal vez si hubiese logrado decir algo, postrarme ante ella para pedirle perdón, hacerle algún gesto o dejar que las lágrimas salieran, hubiera evitado el infierno que sobrevendría después. Pero no pude. Regresé a mi cuarto por el equipaje...

A los pocos minutos oí rechinar el pestillo del portón exterior y el motor del automóvil de mi esposa.

Me asomé por la ventana.

Dentro del coche atisbé en el asiento del conductor a Shaden y junto a ella los cabellos negros de mi hijo Daan.

"Perro que ladra no muerde" (por lo menos mientras está

ladrando). Yo, que había hecho un teatro amenazando con irme, aún seguía ahí. Ella, que no abrió la boca, ya se iba.

Pensé en detenerla, pero me moví muy despacio, como se mueve la gente atrapada en un episodio depresivo agudo. Cuando llegué al patio era tarde.

El pequeño automóvil azafranado había dejado el garage y se alejaba rechinando las llantas por la calle solitaria.

Me quedé dormido en el sillón de la sala donde había visto a Shaden por última vez. Desperté cerca de las diez de la mañana. Inicialmente creí que todo había sido una grotesca pesadilla, pero al reconocer el lugar, al verme vestido y con zapatos, presa de una migraña impresionante, me di cuenta con tristeza de que el desastre era real.

Llamé a la empresa para avisar que no iría a trabajar. Volví a recostarme en el sillón.

Contra toda voluntad, repetía en mi mente un poema de Bécquer que aprendí muchos años atrás. Me sacudía para alejarlo, pero los versos regresaban al pensamiento como moscas fastidiosas:

Asomaba a sus ojos una lágrima
y a mi labio una frase de perdón;
habló el orgullo y enjugó su llanto
y la frase en mis labios expiró.
Yo voy por un camino, ella por otro;
pero al pensar en nuestro mutuo amor,
yo digo aún: "¿Por qué callé aquel día?"
y ella dirá: "¿Por qué no lloré yo?"[4]

Fue un día mórbido, sombrío. Encendí el televisor y dejé que las horas transcurrieran, una tras otra, como hipnotizado por un maligno sortilegio. No comí absolutamente nada. Era ya de noche cuando me levanté por un vaso de agua. Al pasar junto al espejo

---

[4] Gustavo Adolfo Bécquer, *Rimas, leyendas y narraciones,* Editorial Porrúa, Sepan cuantos..., núm. 17.

del comedor vi mi silueta enjuta y mi cara ojerosa. Recordé de pronto que posiblemente al día siguiente en la empresa me designarían gerente general. ¡Qué ironía! Mi estabilidad emocional se había menoscabado justo en el momento en que me encontraba en la cima de mi carrera.

Apagué el televisor y me fui a la cama. Entre tanta confusión mental tuve la lucidez de entender que no podía deprimirme al grado de morir inmovilizado. Al día siguiente me presentaría a la oficina. Si lograba ver materializado el sueño de mi ascenso, tal vez la amargura de mi trago familiar se mitigaría con la dulzura de mi éxito profesional...

Pasé la noche dando vueltas en la cama. A las siete de la mañana me levanté con un terrible vacío estomacal. Fui a la cocina y abrí una lata de atún que comí directamente del envase. Me metí al baño y me di una ducha... ¡Cómo necesitaba hablar con Daan! ¡Cómo deseaba explicarle que nunca lo abandonaría, que podía contar conmigo aunque su madre y yo viviéramos separados...!

Mecánicamente, sin detenerme en detalles, terminé de arreglarme.

Subí al automóvil, salí de la casa, y me encaminé hacia la empresa.

Mi despacho, aunque pequeño, era bastante privado.

Cerré la puerta y persianas antes de acomodarme en mi sillón ejecutivo para revisar papeles.

Una semana antes el gerente general de la compañía había renunciado y yo era el principal candidato a ocupar ese puesto. Busqué en mis cajones el esquema del discurso que había preparado por si tenía que tomar la palabra y agradecer al Consejo su decisión de elegirme, mas apenas comencé a estudiarlo caí en la cuenta de mi absoluto desánimo. Todavía no se llevaban a cabo las votaciones y ya estaba acariciando la idea de dar discursos...

Arrugué el papel y me froté los ojos con fuerza. Sin darme cuenta, permanecí en actitud abatida, hasta que un ruido cercano me sobresaltó.

Karen, la secretaria parlamentaria de la hasta ahora vacante rectoría, me observaba de pie en la puerta.

—Discúlpeme por no llamar antes de entrar... —me dijo con su habitual tono dulce.

—No hay cuidado —respondí frotándome la cara.

—David: dentro de dos horas se realizará la junta para elegir al nuevo gerente general. Debes estar puntual.

La miré. Era una mujer delgada, usaba cabello recogido, lo que le permitía lucir su cuello especialmente largo; sus rasgos faciales eran un poco toscos, pero su forma de hablar le daba un aspecto culto y elegante. No podía calificarse como sensual; sin embargo, a mí me gustaba. Siempre que estaba frente a ella me invadía una sensación de magnetismo impresionante. Su voz era suave, sus movimientos delicados, su mirada penetrante, sus comentarios agudos. Veía en ella la claridad de pensamiento que mi esposa no tenía y una hermosa identificación de caracteres.

—¿Qué te pasa? ¿Estás llorando? —me preguntó.

—No —busqué un pañuelo en mi bolsillo—. No es nada...

Lentamente cerró la puerta y le puso seguro por dentro. Las persianas estaban cerradas, de modo que quedamos en absoluta intimidad.

Se sentó frente a mí con gesto de genuina preocupación.

—Cuéntame... ¿Tienes nuevamente problemas en tu casa?

—Sí... Pero esta vez son graves... Quizá definitivos...

Permaneció contemplándome muy interesada. Diríase que mi dolor le dolía.

Karen era una compañera muy especial. Divorciada y sin hijos, llevaba trabajando en la empresa cerca de un año. Desde que nos conocimos se había dado entre nosotros, sin que ninguno lo provocara, una amistad singular.

—Ojalá mi esposa fuese como tú... —le dije.

Sus ojos brillaron con bondad; al ver su expresión enternecida agregué:

—Ojalá *tú* fueses mi esposa...

Karen tomó el papel arrugado que contenía el esquema de mi discurso y comenzó a alisarlo sobre la mesa.

—Pase lo que pase —susurró casi en secreto—, quiero que sepas que cuentas conmigo incondicionalmente.

En realidad apreciaba a esa mujer, pero nunca reparé en que, además de una límpida amistad, entre nosotros pudiera haber otra cosa... Esa mañana la atracción nos envolvió como una llovizna imperceptible y, cuando nos dimos cuenta, ya estábamos empapados.

Verla frente a mí tratando de darme ánimos, lejos de ayudarme, me perjudicó. Tener cerca a una amiga como ella era lo que yo necesitaba, lo que me hacía falta. ¡Cómo apreciaba a esa dulce e inteligente mujer! ¿Por qué la conocí ya casado? Las lágrimas bordearon mis párpados; me puse de pie. Ella también lo hizo. Me refugié en sus brazos y me estrechó con ternura. No había mala intención de ninguna de las partes, simplemente el acercamiento se dio. Fue maravilloso sentir su calor, su preocupación por mí.

Quizá para comprobarme a mí mismo que aún era capaz de amar y ser amado, le hablé al oído, titubeando, como un adolescente que se declara:

—Gracias, Karen... Eres una gran mujer. Yo siempre te he admirado. He luchado contra eso porque existen normas. Pero ya no me importan —dejé de abrazarla para tomarla de las manos. Me observó callada. Continué—: ¿Sabes? Jamás lo había aceptado abiertamente, pero te quiero mucho...

No se asustó ni se incomodó.

—Tal vez dentro de un par de horas —respondió— seas ascendido a gerente general y por consiguiente yo me convierta en tu secretaria...

—Eso me pone aún más nervioso...

Nuestras miradas cruzaron mensajes tácitos de una química incontrolable.

—Yo también te quiero, David —aventuró con los ojos muy abiertos y el rostro ligeramente encendido.

Bajé la cabeza y me tapé la frente con el puño de la mano izquierda. Un paso más y nada podría detener la reacción en cadena del episodio sensual.

Apartó el puño de mi rostro con un movimiento suave.

La observé en silencio. Es increíble la forma en que la mente puede analizar posibilidades y evaluar circunstancias provocando en el cuerpo una enorme exaltación sin que físicamente haya ocurrido nada aún. El abrazo se repitió. Nos enlazamos fuertemente y, casi sin permitir lugar al raciocinio, nuestros labios se juntaron. Fue un beso largo, apasionado, como el que hacía años no le daba a mi esposa... Pero sucedió lo inesperado: me excité como en los remotos días de mi mocedad, en los que acercarse a las chicas era todo un reto...

Después de un rato nos separamos. Me tomó la mano derecha y la colocó sobre su largo cuello para que la acariciara.

Lo hice muy suavemente. No había ninguna prisa.

Ella cerró los ojos y movió la cabeza en círculos.

Al tocarla susurré que me sentía muy solo.

Era verdad...

Lo curioso era que en la antevíspera no pude decirle lo mismo a mi esposa.

Deslicé lentamente la mano derecha hasta su cintura rozando su blusa con la levedad del artista que dibuja el cuerpo de su modelo.

Escuchamos sonidos que provenían del exterior. Me aparté de inmediato.

—La puerta está bien cerrada —murmuró.

Se apoyó en el escritorio echando el cuerpo hacia atrás, extendiéndome los brazos.

La miré sin moverme. Esta vez estaba realmente confundido. Para mí la sesión había terminado.

Cuando el hombre simplemente experimenta atracción sexual ilícita, puede tratarse de algo pasajero porque sus sentimientos están intactos. Pero cuando la pasión se combina con intensos sentimientos de afecto y ternura, se trata de algo sumamente peligroso. Lo entendí así y quise alejarme para tratar de reflexionar, pero Karen me tomó la mano y me atrajo hacia sí para que recargara mi cuerpo en el de ella.

Sus ojos profundos se clavaron en mi rostro. Con la voz más dulce y excitante que yo haya escuchado jamás, con la mirada más intensa y deseosa que haya visto, me dijo:

—Llévame a un lugar privado... Déjame darte la paz que necesitas...

No era una petición. No era un deseo. Era un orden, como la que puede dar una ninfa a su indefensa víctima humana.

Moví la cabeza en señal de promesa. Tal vez después de la junta. Nos besamos nuevamente con pasión desenfrenada.

Al tranquilizarme, destrabé el seguro de la puerta del despacho y volví a mi sillón ejecutivo.

En la sala de reuniones había un ambiente tenso y silencioso. Para el puesto de gerente general competiría con otros tres jefes intermedios: un ingeniero de grandes aptitudes, un licenciado en finanzas extremadamente rígido y una contadora joven e inexperta. Los dos primeros eran rivales interesantes; en cuanto a la tercera, no le augurábamos mucho; simplemente nadie se explicaba cómo, siendo mujer, había llegado tan alto.

Esa mañana la enorme mesa rectangular para juntas brillaba como si hubiese sido barnizada recientemente. Además de los cuatro postulantes, alrededor de ella estaban sentados el presidente de la compañía, los ocho miembros del Consejo Directivo, que a su vez eran accionistas de la empresa, y las dos secretarias parlamentarias que formularían los acuerdos.

Esa reunión significaba el fin de muchos años de lucha en mi carrera por el poder y de una competencia encarnizada para llegar a la cima.

El presidente de la compañía, un hombre maduro, de rostro rojizo y cabello escaso, a quien todos conocían como el doctor Vallés, una vez hechas las presentaciones y formalidades de protocolo propias de toda asamblea extraordinaria y de aclarar las razones por las que el anterior gerente renunció a su cargo, inició la sesión usando un tono de familiaridad y sencillez.

—Quiero recordarle a nuestro Consejo que los cuatro candidatos para ocupar el puesto de gerente general son técnicamente aptos. Cualquiera de ellos puede desempeñar con eficacia la función operativa. Por lo tanto, para decidir, deseo que cuidemos, sobre todo, los aspectos humanos. No me gustaría que se elija como director a un "currículum". Necesitamos a un verdadero líder.

Estos comentarios me pusieron nervioso. ¿Adónde quería llegar el anciano?

—Los tiempos han cambiado —continuó—. Ahora se sabe que los empleados mejores y más productivos no son quienes se entregan al trabajo con amargura para olvidar la pena de tener su vida personal deshecha. La verdadera calidad y rendimiento sólo se da en gente realizada, plena y feliz. Nadie puede gobernar con cordura y equilibrio su trabajo si no ha logrado gobernar su vida como la empresa más elemental e importante. Es del dominio mundial en las altas esferas de mando que en esta era ya no ganan los tramposos, evasores y desleales. ¡En el siglo XXI sólo sobrevivirán las empresas ÉTICAS, cuya calidad comienza con su gente!

Hizo una larga pausa. Las manos me sudaban copiosamente. Karen levantó ligeramente la vista para mirarme. La ignoré. ¿Es que acaso el decano había tenido noticias de cuanto estaba ocurriéndome dentro de lo que él llamaba "la empresa más elemental e importante"? ¿Acaso se trataba de un plan estructurado para eliminarme? Era una gran mentira declarar que cualquiera de los candidatos desempeñaría bien la función operativa. ¡Todos en esa mesa sabían que yo era la única persona con la preparación y experiencia ideal para el puesto! No podían eliminarme a menos que se basaran en cuestiones personales.

Por su parte, el director del Consejo dijo:

—Nuestro procedimiento de elección será sencillo. Cada uno de los cuatro candidatos llenará esta forma para evaluarse a sí mismo y evaluar a sus tres compañeros, describiendo ampliamente lo que conozcan de ellos en el aspecto humano. Concluirán diciendo, también por escrito, a quién elegirían para el puesto y por qué. Luego saldrán de la sala para que el Consejo Directivo pueda deliberar.

Hubo un rumor prolongado. Eso era definitivamente un complot. ¿De qué me había servido ser siempre tan exacto en mis cálculos, tan suspicaz en mis proyectos financieros, si al momento decisivo para subir el escalón clave, iban a elegir al más simpático?

Se repitió en mi mente una pregunta que en otras ocasiones me había formulado. ¿Qué vale más en la vida? ¿El trabajo o las influencias, el profesionalismo o las buenas relaciones? Siempre navegué con la bandera de que lo principal son los hechos y no los conocidos. En ese momento me pareció una conclusión precaria.

Para tratar de controlar la aprensión miré a mi alrededor. Mi vista se fijó en un cuadro del *APOLO XI* al momento de su lanzamiento en Cabo Cañaveral. Mis ojos se perdieron en la antigua fotografía. Había algo en ella que me hipnotizaba.

Un cohete no puede ponerse en órbita sin la ayuda de un lanzador, que es otro pequeño artefacto que explota y posteriormente se desprende. Ahí estaba la respuesta: yo tenía la inteligencia, la capacidad, la energía para desempeñar el puesto, pero necesitaba un lanzador que me pusiera en órbita. Ese lanzador era la gente. Es importante la capacidad técnica, pero la fuerza propulsora inicial está dada por nuestras buenas relaciones humanas. Las personas y no los conocimientos son, en principio, quienes nos abren las puertas, quienes nos promueven, apoyan e impulsan.

Nos pasaron sendas carpetas conteniendo las hojas impresas que debíamos llenar. Revisé las preguntas preestablecidas para valorar a nuestros rivales. Me molestó ver que el encabezado decía "Apreciación de CALIDAD".

Eso era demasiado. Me puse de pie y dejé caer la carpeta sobre la mesa con energía.

—¿Apreciación de calidad? —protesté—. No me gusta este ejercicio. Me da la impresión de que se nos trata de tasar como productos de consumo.

Hubo un silencio cortante. Mi comentario hacía parecer ridículo al presidente corporativo.

Todos lo miraron.

3

CALIDAD HUMANA

El anciano se encaró conmigo y profirió lentamente:

—Supongo que habrá leído el artículo de Calidad Humana que se publicó en la gaceta del viernes, ¿verdad?

—No, doctor… No lo leí.

—Pues nuestra empresa pretende, por su nueva filosofía, tener exclusivamente gerentes de esa clase.

—Le repito que no leí el artículo —dije con excesiva cortesía—. Ignoro de qué habla, señor.

Fui observado por los presentes como lo hubiera sido un niño de secundaria que insiste en salir al baño en pleno examen. No me dejé intimidar. Les devolví la mirada fríamente.

—Bien —dijo el hombre con mesura—. Tome asiento. El primer punto que revela la calidad de una persona, tal cual se especifica en el cuadro impreso que repartimos, es SU TRATO. El ser humano que más vale da un TRATO SENCILLO Y NOBLE —se detuvo unos instantes para que no hubiese duda en el concepto—. ¿Les ha tocado hablar con alguien que mientras los oye hace otras cosas? ¿Han negociado con funcionarios a los que les gusta ser adulados y tratados como faraones? ¿Gente que por tener un poco de poder actúa como si fueran los elegidos de Dios? ¿Gente que nos mira de arriba a abajo y que procura hacernos sentir inferiores? Con frecuencia nos topamos con ellos. Personas de última categoría que a veces ocupan puestos de primera. Basura humana, señores. Entiendan esto: cuanto más valioso es un individuo más sencillo es, no importa qué posición ocupe o cuánto dinero tenga. Quien posee la cualidad básica de dar un TRATO SENCILLO Y NOBLE jamás pasa de largo frente a uno fingiendo no conocerle; comparte el pan tanto de los más humildes como de los más opulentos; le fascina jugar con los niños; conversa amenamente con los ancianos, enfermos o marginados; ayuda a los que están abajo sin ufanarse, poniéndose a su nivel. Quien da un TRATO SENCILLO Y NOBLE hace que los demás se sientan cómodos a su lado, como cuando se está con un amigo. ¿Viven ustedes de esa forma? No hay nadie mejor que sus compañeros de trabajo y sus familiares para decirlo.

Bajé la cara. Ciertamente las elecciones se estaban complicando y el anhelado puesto de gerente general desvaneciendo.

Sin querer recordé que cuando mi esposa tuvo su segundo embarazo fallido insistió mucho en cambiar de ginecólogo. Al respecto, reñimos porque ella decía que el nuevo doctor era más competente que el anterior; yo sólo sabía que cobraba el doble de honorarios. Pero cuando la acompañé a consulta me di cuenta de en qué consistía la "competencia" del muevo médico: el tipo suspendía su trabajo para escuchar a Shaden con la paciencia y atención de quien dispone de todo el tiempo del mundo, contestaba detalladamente sus preguntas, la hacía sentir en absoluta confianza. El doctor anterior, en cambio, era más parco, de pocas palabras, frío, apresurado y en ocasiones sarcástico; se burlaba un poco de nuestra ignorancia y nos trataba como a inferiores. Huelga aclarar cuál de ellos tenía una cartera de pacientes más grande. La mayoría de la gente no estamos preparados para medir la CALIDAD PROFESIONAL de los especialistas, pero cualquier persona está capacitada para evaluar la CALIDAD HUMANA, y es evidente que muchos preferimos pagar más con tal de recibir mejores modales.

—¿Quién de los cuatro candidatos tiene el trato más sencillo y noble? —preguntó el presidente. La pregunta flotó en el aire. Yo definitivamente no...—. El segundo punto a anotar en sus evaluaciones de calidad humana es la CONFIABILIDAD. Las personas que más valen son las más confiables.

"Confiables... Confiables... Confiables..." La palabra se repitió en mi mente como si en el salón hubiera eco.

—¿Qué características tiene la persona a la que pueden

entregar su confianza absoluta? No piensen mucho. Lo diremos de una forma muy simple: sólo podemos confiar en quien sea incapaz de traicionarnos; en quien sabemos que no dirá nuestros secretos ni hablará mal de nosotros; en gente honesta que le guste decirnos las cosas cara a cara. Suena fácil, pero personas así no abundan. Los años nos enseñan esto. Muchos amigos son aparentemente confiables, incluso nos dan un trato sencillo y noble, pero al estar lejos hablan con suspicacia de nosotros y nos traicionan a su conveniencia. ¿Cómo nos damos cuenta entonces de que una persona es confiable? Muy sencillo. Jamás cuenta asuntos negativos de otros y no accede, ni por excepción, a decirnos los secretos de los demás. Es así de fácil. Cuando alguien aprovecha toda oportunidad para difundir los errores y tropiezos de sus conocidos, cuando lo vemos quejarse de todo y por todo, cuando nos propone acciones que perjudicarán a alguien más, estamos ante una persona poco confiable. Es el sujeto que será tu amigo sólo mientras le sirvas para algo y que hablará mal de ti a tus espaldas. Los gerentes de esta empresa deben aquilatar entre sus virtudes principales la CONFIABILIDAD. Yo prefiero tener un equipo menos competente pero más confiable, menos experto pero con la camiseta puesta. Deben estar seguros de que el líder a elegir hoy es una persona que no se aprovechará de cuanto uno le diga para su beneficio; que no se alegrará de pregonar las malas noticias; que no venderá un secreto al mejor postor. ¿Quién de los cuatro candidatos cumple este requisito?

Me sentía flotando en las nubes por la aprensión. En esa sala varios me habían oído hablar de la "bola de brutos" que teníamos en el departamento de ventas. Volteé a ver a Karen como tratando de escapar mentalmente. Estaba cruzada de piernas junto al presidente. Era una mujer muy bella. Mi pensamiento fantaseó con el deseo de estar nuevamente con ella y hacer lo que me pidió. El dejarme llevar en esos momentos por la enajenación de mis instintos poco confiables me proporcionó un íntimo consuelo al comprender que estaba a punto de fracasar en mi más grande aspiración profesional.

—El tercer punto para determinar la calidad humana de una persona es su *POSITIVISMO*. Las personas que más valen son positivas —declaró el presidente corporativo—. Aunque les vaya mal y el ambiente sea hostil, siguen optimistas, bromeando y con deseos de seguir luchando. Las personas positivas no desertan: se caen, pero se levantan una y otra vez hasta lograr sus anhelos. Todos poseemos dos cristales a través de los cuales podemos mirar hacia el exterior: uno transparente y otro turbio. Si uno está acostumbrado a ver por el cristal turbio es una persona negativa, todo le desagrada, no brinda ayuda gratuita ni tolera que le llamen la atención por su conducta. A las personas negativas son pocos los que las estiman. Es una ley natural. Recuerden, por ejemplo, a alguien que les desagrada sobremanera, alguien con quien no se han podido identificar y por quien sienten rechazo; seguramente ese individuo también experimente desagrado y repulsión por ustedes. Es una ley natural —repitió—. Piensen mal de los demás y muy pronto van a pensar mal de ustedes; por el contrario, piensen sinceramente bien de alguien, busquen sus cualidades y aprendan a quererlo, y verán cómo esa persona también terminará queriéndolos.

Vallés se detuvo mirando a su reducido y selecto auditorio.

—Ser positivo es difícil —murmuré como para mí.

—Nadie dijo que fuese fácil... —increpó—. Por eso son tan escasas las personas de alta calidad humana. Imaginen, por ejemplo, esta escena: un adolescente llega a su casa con dos horas de retraso; el padre, que le había advertido que volviese temprano, está en la puerta furioso esperándolo y le reclama con verdadero enojo; el muchacho contesta que no le fue posible salirse antes de la fiesta; la discusión sube de tono; el padre se pone furioso echándole en cara que es un inconsciente, desobligado y malagradecido, pues ni siquiera llamó por teléfono para que en su casa no se preocuparan; el hijo termina la desagradable escena retirándose a su cuarto a dormir. En este punto se determina la calidad humana del joven. Dentro de su habitación puede analizar las cosas desde los diferentes puntos de vista:

"Número uno. Sintonizando su mente en el canal negativo dirá: *"Este tipo no me entiende, ya se le olvidó que también fue joven, es un engreído autoritario que sólo quiere molestarme, no lo soporto. ¡Cómo me gustaría largarme de esta casa y darle una lección...!"* A la mañana siguiente se levantará y pasará junto a su padre sin saludarlo, actuando conforme a sus pensamientos. El enojo continuará y el conflicto se complicará con más hostilidades mutuas.

"Número dos. El joven tiene la opción de sintonizar su mente en el canal positivo. Dirá: *"Caray, no me gusta la forma que tiene el viejo de reprenderme, pero lo hace porque me ama, porque le intereso; si no fuera así lo hubiera encontrado dormido y despreocupado. No cabe duda de que quiere lo mejor para mí. ¿Cómo pude ser tan descuidado de no llamar? Ni modo, merezco que me haya regañado"*. A la mañana siguiente el joven saldrá de su recámara, saludará sonriendo con agrado a su padre y él le contestará con la misma tranquilidad. Entre ellos no pasó nada; y si pasó, ya se olvidó.

"Todos poseemos cosas buenas y malas. Concéntrense en las malas y verán que muy pronto detestarán a la persona con la que conviven y ésta, como correspondencia natural, también los detestará a ustedes. Funciona en todos los niveles: en un salón de clases entre alumno y profesor, en una oficina entre gerente y supervisor y en un matrimonio entre los cónyuges. Un vendedor profesional muy destacado a nivel mundial decía: *"Mi secreto consiste en que antes de llegar me concentro en las cualidades de la persona que voy a visitar. Estando en su oficina ignoro los detalles que me desagradan, los justifico mentalmente y procuro hacerme una buena idea de mi cliente; me esfuerzo por admirarlo, apreciarlo, comprenderlo, quererlo. Es fácil: todo es cuestión de concentrarse en lo bueno. El cliente percibe mi agrado sincero y deja de estar a la defensiva"*. Esta cualidad funciona hasta con las cosas. Piensen en todos los defectos del coche que tienen y aca-barán detestándolo, descuidándolo y avergonzándose de él; en cambio concéntrense en lo bueno del automóvil, en el servicio que les da, en lo útil que es, y aprenderán a quererlo, lo cuidarán y se sentirán a gusto conduciéndolo. Ser positivo es buscar lo bueno de todo, es no dejarse influenciar por las opiniones corrosivas de los demás. ¿Cuántas veces nos han hablado mal de una persona ausente y nosotros, dejándonos llevar por las habladurías, tomamos partido de inmediato? Cambiamos de forma de pensar y de sentir respecto a un ser humano más por lo que nos dicen de él que por lo que personalmente vivimos con él. Este fenómeno es muy común: divide comunidades fraternas, religiosas y familiares.

"Si un amigo se enemista con otro, no se alíen con ninguno. Digan simplemente: "Siento mucho lo que te hizo pero a mí no me ha hecho nada y lo sigo apreciando igual…"

Hizo una pausa para tomar agua y concluir:

—En este orden de ideas, anotarán en su hoja a cuál de los cuatro candidatos consideran más positivo.

La recepcionista, que se hallaba en el umbral de la puerta, aprovechó la pausa para hacerme llegar una pequeña nota. La leí de inmediato.

"Contador David Arias: dos hombres lo esperan afuera. Dicen que es un asunto urgente."

Tardé unos minutos en reaccionar pues era verdaderamente inusual que la recepcionista se permitiera la interrupción de una junta de Consejo.

¿Qué asunto podía ser tan urgente y por qué no lo mencionaba en la tarjeta?

Me fue imposible abandonar la sala pues el doctor Vallés continuó explicando el último de los puntos a evaluar y tuve que esperar hasta el final de su disertación para ponerme de pie y salir a averiguar quién me buscaba.

—Las personas que valen más —concluyó el anciano— SON GENEROSAS, constantemente AYUDAN a otros y hallan el equilibrio entre dar y tener. La gente detallista es estimada, así como los mezquinos egoístas son aborrecidos. Piensen en aquel familiar, tío, madre, abuela, amigo, que siempre que puede brinda ayuda. Todos tienen que agradecerle; alrededor de la gente buena giran familias enteras; cuando ellos fallecen, muchas vidas se afectan porque eran fuente de amor y bondad de la que otros se nutrían.

"Vean los negocios que prosperan. Brindan un poco más que los demás por el mismo costo. Siempre tienen algo adicional, un extra, una ganancia para el cliente. Proporcionar servicio real, trabajar más de lo que estipula el contrato, en ocasiones puede parecer injusto, pero quien lo hace resulta doblemente beneficiado.

"Queremos un gerente de ese corte ideológico: un poco altruista, un poco soñador, convencido de que va a cambiar la empresa para bien, que la calidad abarcará a todos los niveles jerárquicos y llegará al cliente. Queremos a alguien que no tase todos sus actos en pesos y centavos; alguien que tenga la calidad humana de dar...

"¿Quién de los cuatro candidatos es el más generoso?

Las miradas estaban fijas en el presidente. Su exégesis había sido tan rotunda que no dio lugar a preguntas.

Mientras los demás compañeros llenaban sus fichas de evaluación, me puse de pie suspirando. No cabía duda de que mi candidatura estaba perdida... Ante tan peculiares cortapisas no tenía nada que hacer ahí.

—Permiso —me disculpé—, ahora vuelvo.

En la recepción había dos hombres jóvenes vestidos con trajes oscuros.

—¿Quién me buscaba? —pregunté a la recepcionista para obligarla a presentarme a los aludidos.

—El licenciado Ramírez y el licenciado Pérez. Dicen ser abogados de su esposa.

Enfado y miedo convergieron en mi mente como un flashazo de neón.

—¿En qué puedo servirles, señores?

—Venimos a entregarle un convenio de divorcio que debe analizar y firmar para abreviar los trámites. El citatorio del juez le llegará muy pronto.

Si una mirada matara, ambos sujetos hubiesen caído fulminados al momento.

—Esta rapidez significa que la muy... —me mordí el labio—. Ella ya tenía todo arreglado desde hace tiempo...

—Por favor, revise los términos del acuerdo y firme las actas aquí y aquí. Mañana vendremos como a esta hora a recoger el expediente.

Los tipos me alargaron una carpeta y yo la tomé trabado por la ira y la humillación.

No di las gracias ni me despedí de los abogados.

Entré a la sala nuevamente. Mi palidez debió de ser manifiesta porque el presidente preguntó si todo estaba bien.

—No —contesté—. Me avisaron de un problema y tengo que retirarme.

—Pero usted no puede irse. Si es electo deberá estar presente para recibir el puesto.

—No lo seré —aventuré—. Cualquiera de mis tres compañeros resultará más sencillo, confiable, positivo y generoso. Yo sólo soy un buen contador. De todos modos agradezco que se hayan fijado en mí.

No esperé una respuesta. Recogí mis cosas y me retiré con una vehemencia que dejó a todos absortos.

Me subí al automóvil dispuesto a emprender el largo camino hacia la casa de mis suegros. ¿En dónde más podía haberse refugiado Shaden? Si ella desde hacía tiempo estaba planeando nuestra separación, había llegado el momento de demostrarle que yo también sabía jugar sucio.

4

EL PLACER DE SERVIR

La sinuosa carretera de doble circulación me pareció más larga y peligrosa que de costumbre. El trayecto que debía recorrer era al menos de una hora. Los padres de mi esposa vivían en una pequeña residencia campestre ubicada a setenta kilómetros de la ciudad. Cerca había un lago en el que algunos excursionistas solían pescar y remar en pequeños botes de fibra de vidrio.

Manejando hacia el lugar iba hablando en voz alta. Mi enojo principal no era contra mí, ni contra Shaden, sino contra Dios.

¿En qué pensabas, Señor, cuando permitiste que este caos se apoderara de mi hogar? No creo en el azar. Hay demasiada perfección en la naturaleza, en el reino vegetal y animal, en el mundo microscópico, en el universo entero, para suponer que todo es obra de la casualidad. No creo en ella. No creo en destinos nefastos ni en mala suerte. Creo en ti, Señor; creo que de alguna forma tú piensas las cosas antes de que ocurran y nosotros formamos parte de tus sueños... ¿Por qué si sabías que ella y yo no funcionaríamos bien juntos, permitiste nuestra unión? ¿Por qué no usaste alguna señal para que nos detuviéramos a tiempo? ¡Antes de llegar a esto...!

Conduje a la mayor velocidad posible. Tenía prisa por llegar, urgencia de hablar con Shaden. Si nuestro vínculo matrimonial se deshacía, yo me quedaría con Daan. Ella tenía que saberlo antes de seguir, porque ya entrados en pleitos no me detendría ante nada, le quitaría al niño a costa de cualquier cosa, por la buena o por la mala; invertiría hasta el último centavo… Estaba decidido a devolver doblemente mal por mal, pero sobre todo estaba decidido a salvarme a mí mismo. Yo era un desdichado cuya existencia colgaba en un precipicio y mi hijo era la única raíz de la que iba a poder asirme para no caer.

Desaceleré al ver que la aguja del velocímetro oscilaba dentro de la zona roja de peligro.

Aún no cabía en mi entendimiento la magnitud del cisma que estaba viviendo. Es cierto que algunas veces vislumbré la posibilidad de abandonar a mi esposa, pero jamás, ni en mis pesadillas más repugnantes, imaginé el drama de ser abandonado por ella.

Llegué a la casa de mis suegros cerca de las siete de la noche. El automóvil de Shaden no estaba. Me bajé del mío sin pensarlo dos veces y toqué el timbre.

El lugar parecía más descuidado y viejo que otras veces.

Volví a tocar. Mi hijo Daan abrió la puerta. Durante unos segundos nos miramos como tratando de adivinar mutuamente los pensamientos del otro. Después bajó la cara con la inteligente timidez que le caracterizaba. Adiviné en su gesto indeciso cuán necesitado estaba de recuperar un poco de coherencia.

—Pasa, papá…

Quise abrazarlo, pero me limité a acariciar su negro cabello lacio en un gesto de compañerismo varonil.

—¿Por qué…? —articuló con su vocecilla diáfana.

Me encogí de hombros.

—Ni yo mismo lo sé… —susurré.

El chiquillo movió la cabeza y se quedó mirándome como si se sintiera responsable de lo que estaba pasando.

—Mamá está muy extraña —dijo después—. Por favor, ya no te pelees más con ella…

Frío, inerme, tartamudeé y luego simplemente callé.

—¿Cuándo volveremos todos a nuestra casa?

Un fantasma me apretaba la garganta.

—Te prometo que pronto…

En ese instante apareció mi suegro, con su habitual rostro seco de aspecto aristocrático, enfundado en la bata marrón de seda que solía usar desde que lo conocí.

Me erguí para tenderle la mano.

—Necesito hablar con usted, señor.

Asintió sin responder a mi saludo ni hacer el más mínimo ademán de bienvenida. Caminó hacia la sala. Lo seguí. Al momento apareció su esposa quien, asombrada por mi presencia, se acercó con mucha cautela, como un animal temeroso de ser agredido y presto a atacar.

—Quiero, en primer lugar, pedirles una disculpa por la forma en que he tratado a su hija. He sido un patán.

Estábamos de pie, listos para sentarnos, pero sus gestos estáticos e inexpresivos no daban lugar al relajamiento.

Vi sobre la mesa un montón de fotografías recién reveladas.

—A veces me cuesta mucho trabajo controlarme —continué— y no mido mis palabras...

—Ni sus golpes —completó el padre de mi esposa.

Hubo un silencio helado.

—Shaden ha decidido separarse de usted —intervino la señora.

¿Cuántas veces y en qué tono tenían que decírmelo? Ante tal afirmación no pude argumentar nada.

—Quisiera hablar con ella.

—Hablarán en su momento —señaló la madre con ampulosidad—. De eso puede estar seguro. Mientras tanto, le suplico que se mantenga alejado de esta casa.

Asentí resignadamente.

La entrevista había sido breve y concisa.

Di la media vuelta y me dirigí a la puerta.

—¿Ella no está? —insistí antes de girar el picaporte.

Tardaron en contestar; primero se miraron entre sí como indecisos de comunicarme algo que sabían. Finalmente mi suegro dijo:

—No. Y no la espere porque no vendrá a dormir.

Era así de simple y evidente. Ellos fungían como alcahuetes de una nueva aventura amorosa de mi esposa. Me cuestioné si ésta se habría fraguado a raíz de nuestra última desavenencia o ya se venía cocinando con autorización de mis suegros desde meses antes.

—¿Y el niño? —pregunté—. ¿Por cuánto tiempo estará aquí?

—Hasta que Shaden lo disponga —especificó instantáneamente la señora—. Usted sabe que en esta casa somos muy creyentes. Por varios días nos estará visitando un sacerdote para hablar con Daan hasta que asimile el divorcio de sus padres sin traumatismos.

Sonreí con coraje. Yo también era creyente, pero esa prepotencia me hizo recuperar el valor. Vi a mi suegra como una cínica farisea. Su arrogancia me dio asco. Era la historia más vieja de la humanidad: ciertos religiosos cuadrados y egocéntricos juegan con el concepto de Dios para condenar a otros. Una clara tristeza me invadió también al comprender que otra persona estaba hablando con mi hijo para ayudarlo, cuando lo que necesitaba era a sus padres.

Vi nuevamente el montón de fotografías y lo tomé sin pedir permiso. Mi suegra saltó sobre mí para quitármelo. No se lo di. Comencé a pasarlas con rapidez buscando algo, cualquier evidencia de lo que sospechaba.

—¡Devuélvame eso inmediatamente!

Entonces lo encontré. En una de ellas se veía a mi esposa abrazando a un sujeto desconocido. Un joven delgado, con anteojos y barba. Me erguí encolerizado. ¿Quién era ese tipo? ¿Por qué, si la fotografía había sido tomada recientemente, yo no lo conocía?

Eché la fotografía a mi bolsa y sentí un enorme impulso de insultar, golpear, escarnecer a mis suegros, pero me contuve.

—Me llevo esto como prueba.

Los ancianos debieron leer en mi rostro algo muy peligroso, porque ninguno se movió ni dijo nada más. Abrí la puerta y jalé hacia mí el aldabón mientras salía provocando un portazo tremendo.

Junto al automóvil estaba parado Daan. Ni mis suegros ni yo nos percatamos de que había salido de la casa.

—Abrázame —le dije agachándome para despedirme de él.

—No me gusta estar aquí, papá.

Ante su firme comentario quedé prendido y suspenso.

—¿Te irás conmigo?

—Sí...

No lo dudé ni un segundo.

Abrí la portezuela del automóvil y lo cargué para acomodarlo con rapidez.

La luz del exterior de la casa se encendió y al momento los viejos salieron corriendo, gritando y agitando las manos.

Salté al volante y encendí el motor. Los señores se aproximaron con pasos gimnásticos. La mujer llegó casi a interponerse en mi camino, pero le faltaron unos metros. Aceleré para ganar la carretera llevando a mi hijo. Nadie iba a quitármelo, me dije, aunque en ello me fuera la vida.

Cuando llegamos el niño ya estaba dormido. Estacioné en la puerta y entré a la casa directo a recoger ropa del pequeño y mía. Por fortuna mi maleta había quedado lista dos días antes. Con gran nerviosismo eché las cosas al coche. Demorarse en ese sitio era muy peligroso pues sería el primero en el que nos buscarían.

Mientras se definían las cosas deseaba proporcionarle a Daan un lugar agradable, de modo que me trasladé al hotel más lujoso de la zona y tomé una habitación doble frente a los jardines y la alberca.

Cargué al chiquillo y lo acomodé en su cama. Antes de dormir estuve contemplando su dulce rostro, su respiración acompasada y tenue, embelesado por tanta inocencia y perfección.

¿Qué culpa tienen los niños de las tonterías de los adultos? Ahí estaba mi hijo, secuestrado por su padre, arrancado violentamente de la paz natural de su hogar... lejos de una madre que exploraba nuevas aventuras... Un pequeño ser humano terriblemente necesitado de amor, confianza y respeto. Qué injusto parecía. Los niños cargan con las frustraciones conyugales, los pleitos y las creencias, buenas o malas, de sus padres. Siempre están dispuestos a perdonar, a darnos otra oportunidad y aunque les volvamos a fallar, en la noche cierran los ojos y nos muestran, al dormir en angelical postura, lo vulnerables que son, la forma en que dependen de nosotros, la manera incondicional en que nos aman...

Acaricié la frente de Daniel, me puse de rodillas y encogí la cabeza mordiéndome fuertemente el antebrazo para detener el llanto...

Al día siguiente a primera hora fuimos al hospital de neurología. Revisaron a Daan exhaustivamente y los resultados de su encefalograma arrojaron ciertas alteraciones raras. Los médicos consideraron pertinente hacer un cultivo de su líquido encefalorraquídeo para descartar cualquier posibilidad de encefalitis. La punción lumbar que le hicieron fue muy dolorosa y al salir del hospital el niño me suplicó que no lo dejara solo en el hotel.

—Debo ir a mi trabajo —le dije—. Tengo una junta a la que no puedo faltar. Me tomará sólo un par de horas... ¿Quieres acompañarme?

—Sí, papá, por favor...

En cuanto entramos a las oficinas se me informó que Jeanette, la contadora joven e inexperta, había sido la electa. Percibí las miradas indiscretas, sarcásticas y burlonas. Algunas secretarias saludaron a mi hijo con mucho cariño y le ofrecieron dulces. Hallé en mi escritorio el esperado memorándum en el que se indicaba que los siete jefes intermedios estábamos citados en el despacho de la nueva gerente general a primera hora.

Arrugué el papel. Ahora nos gobernaría una niña. Era el colmo de los colmos. No conocía su edad, pero seguramente andaba entre los treinta y cinco y cuarenta años. Muy seria y distinguida, pero una chiquilla al fin. Casada, sin hijos. ¿Los electores habrían considerado la posibilidad de que siendo mujer se embarazara y les dejara el puesto? ¡Qué decisión tan incomprensible! O la dama poseía una calidad humana sobrenatural o tenía relaciones íntimas con los miembros del Consejo.

¡Otra vez pensando mal! —me reprendí. El negativismo era un hábito tan arraigado que no bastaban conceptos de superación para acabar con él. Se precisaba disciplina.

Miré el reloj. Según el citatorio la junta había comenzado hacía media hora. Suspiré y me encaminé a la oficina de Jeanette. Trataría de hallarle el lado bueno a la nueva jefa.

Tomé de la mano a Daan para que me acompañara.

Karen, mi cariñosa amiga, sentada frente a su mesa en la antesala de la oficina gerencial, se levantó alegre al verme llegar con mi hijo. Lo besó con efusividad y lo cargó en brazos.

—Qué bueno que viniste, pequeño. Tu papá me ha hablado mucho de ti. Eres más guapo de lo que me imaginé. ¿Sabes?, te pareces a él —me guiñó un ojo y sugirió—: Déjalo conmigo, la junta ya empezó.

Cuando entré en la gerencia general me percaté avergonzado de que todos estaban esperándome. Me disculpé parcamente y tomé asiento en la última silla del rincón.

La oficina se veía igual, con la diferencia de algunos detalles casi imperceptibles que le daban un aire más acogedor: flores en la repisa, música suave y un par de cuadros nuevos.

Frente al despacho se hallaba la sala de juntas, pero Jeanette prefirió no usarla y dirigir su primera reunión desde su bello escritorio de caoba, evidentemente para dejar bien establecida su nueva jerarquía.

—Quiero confesarles —aclaró en cuanto me acomodé— que no esperaba ser electa... Seguramente ustedes tampoco. He escuchado murmuraciones respecto a si soy familiar de los miembros del Consejo o si me acuesto con alguno de ellos —movimientos y risas disimuladas—. No me importa. Pueden pensar lo que quieran. Únicamente me preocupa el hecho de habérseme confiado un puesto de mucha responsabilidad que requiere de gran apoyo. Necesito un equipo de gente comprometida y honesta con la misión de ayudar, gente que tenga un motivo de trabajo más allá de ganar dinero o lograr prestigio. Y, sobre todo, que sea capaz de aliarse conmigo olvidando los mitos *machistas*...

Hubo un silencio denso. Nadie había oído antes hablar así a Jeanette.

—¿A qué te refieres? —le pregunté medio escamado por la palabreja.

—Muchos hombres proclaman que el varón es más competente que la mujer. Como pueden ver, estando una mujer al frente, los que piensen de esa forma nunca podrán cooperar con mis disposiciones. Siempre se sentirán fuera de lugar... Por eso es importante poner las cosas en claro desde ahora. La nueva filosofía de nuestra empresa define que la verdadera misión del ser humano es auxiliar, desde los estratos más sencillos hasta los más complejos; el servicio engrandece y dignifica a la persona. La gente orgullosa que presume de no obedecer a nadie, que jamás hace algo fuera de lo que se espera de ella, que no escucha opiniones ni sugerencias, sólo demuestra, con esa actitud, su complejo de inferioridad. Para dar órdenes acertadas se necesita *ser inteligente*; para obedecerlas con humildad se requiere *ser sabio*; la persona que más vale, como lo indicó ayer el presidente de esta compañía, es la más sencilla, la que puede bajarse de su pedestal para ponerse en los zapatos del otro y servirle como le gustaría ser servido... Yo necesito un equipo así. No pretendo usar mi cargo para elevarme; seré la primera en asistir, en trabajar con energía y entusiasmo. Quiero un grupo que esté dispuesto a comprometerse conmigo en la transformación que está a punto de iniciarse.

Me quedé mirando a Jeanette. Sin querer recordé las conclusiones del señor Vallés del día anterior:

Nuestro gerente debe ser un poco altruista, un poco soñador, convencido de que va a cambiar la empresa para bien, que la calidad abarcará a todos los niveles jerárquicos y llegará al cliente.

Aburrido, me detuve la cabeza con ambas manos. Esa niña era lo que los dueños querían. Hablaba bonito, pero el tiempo nos demostraría si además de fantasear también sabía manejar las finanzas como el puesto lo exigía.

Se puso de pie para repartirnos personalmente sendas carpetas engargoladas con más de cincuenta hojas escritas a máquina. Mientras lo hacía, mi mente brincaba del escarnio a la consideración. El idealismo de Jeanette era pueril pero contagioso. *¿Hacer lo que no se espera que hagamos, servir, ayudar, bajarse al nivel más humilde de trabajo si se requiere, es realmente la actitud grandiosa y fortalecedora que ella dice...?*

No pude evitar rememorar las épocas en que mi matrimonio marchaba viento en popa. Sólo una vez hice algo que por definición no me tocaba hacer: nuestro hijo tenía tres meses de nacido y como su salud era precaria, pasaba casi toda la noche despierto llorando. Un día me di cuenta de que Shaden tenía enormes ojeras y que los desvelos comenzaban a mermar su lucidez. Entonces le ofrecí ayudarla a cuidar al niño. Esa noche mi esposa durmió de un tirón, mientras yo me la pasé lidiando con el crío en la oscuridad. Le preparé la fórmula, le administré el biberón, lo hice eructar, lo arrullé, lo canté y cambié con enorme torpeza y asco los pañales un par de veces. A la mañana siguiente Shaden me preguntó cómo me había ido. Le platiqué mis peripecias y ella se rió mucho, me abrazó y me besó con el mayor cariño que recordara haber visto en sus ojos desde que éramos novios. Lo curioso es que después de la experiencia me sentí más cerca del bebé, más integrado a mi familia, mejor padre, mejor ser humano…

—¿Escuchas, contador Arias?

Volví al presente en una junta en la que se había roto el hielo mientras todos se regodeaban con mi distracción.

—¿Perdón?

—Te estoy pidiendo que por favor leas el párrafo tercero de la página diez en nuestro manual de nueva filosofía.

Las risas y guasas se apagaron poco a poco.

—Claro.

Busqué lo que la joven gerente me pedía y leí en voz alta cuidando mi dicción:

Los empleados verdaderamente imprescindibles son aquellos que buscan solucionar problemas más que coleccionar reclamos. Son aquéllos a los que no les importa trabajar una hora más o arremangarse la camisa para corregir los errores detectados. Un ser humano imprescindible sabe que el servicio es oro, que puede pagarse pero no tiene precio; actúa y se entrega a la vida sin temor a equivocarse; también sabe que lo que le remorderá su conciencia al final de los tiempos no será cuanto hizo mal, sino todo lo que pudo hacer y no hizo.

Recapacita no en lo malo que has hecho sino en lo bueno que estás dejando de hacer. ¿Sueles llevar regalos a tus seres queridos simplemente porque los amas? ¿Sueles abrazar y besar apasionadamente a tu cónyuge? ¿Últimamente has jugado con tus hijos sin prisas y sin máscaras? ¿Hace cuánto no acompañas a tus padres y platicas con ellos como si fueran tus amigos? ¿Hace cuánto no haces algo desinteresadamente, no por dinero sino simplemente por formar parte de tu gente y ella de ti, porque la quieres y deseas verla crecer, a pesar de todos los problemas...?

Has experimentado muchos placeres... Experimenta el placer de servir y verás cómo el mundo comienza a reclamarte como un ser imprescindible...

Cerré los apuntes con parsimonia tratando de aparentar indiferencia. Lo cierto es que leer esa página me había removido los más hondos sentimientos. Mientras la gerente general continuó hablando, revisé detenidamente la carpeta engargolada. ¿Se trataba de una recopilación de varios autores? ¿Era una obra comercial? ¿Por qué la empresa nos presentaba esas hojas como su nueva bandera? Cuando examiné las primeras páginas me invadió la envidia, la ira y el desconcierto. Entendí que nuestra jefa fue electa para ese puesto no por ser familiar ni amante de alguno de los miembros del Consejo sino porque el manual titulado *Nueva Filosofía Empresarial* era un proyecto presentado por ¡ella misma!, Jeanette Sandri, su autora. No pude poner atención a lo que se habló después. Mis compañeros salieron motivados de la junta; en cambio yo salí molesto: ya antes de la reunión electoral los dueños de la compañía sabían quién quedaría en el cargo. Todo había sido un arreglo. ¡Por eso encauzaron las votaciones a los puntos de "calidad humana" expuestos en ese manual! Entonces, ¿por qué nos hicieron creer que la elección era real? ¡Qué manera de jugar con nosotros!

Salí de la oficina confundido, considerando seriamente la idea de renunciar a la empresa. Karen estaba sentada frente a su computadora y mi hijo dormía plácidamente en un sillón.

—¿Tan pronto dejaron de jugar? —pregunté.

—No. Tu hijo parece enfermo. Me dijo que estaba cansado y que tenía mucho sueño.

—Ha de ser porque antes de venir hacia aquí le hicieron unos análisis muy dolorosos. Voy a llevarlo a mi despacho. Aprovecharé que está dormido para trabajar un rato.

—Yo te ayudo —se ofreció mi amiga adelantándose con intenciones de preparar en mi despacho un lugar para el niño.

Levanté a Daan y éste se acomodó recargando su cabeza en mi hombro. Caminé muy despacio por el corredor.

Antes de doblar el último recodo del pasillo que conducía a mi despacho, Karen salió a mi encuentro agitada y nerviosa.

—Detente —me alcanzó a decir al punto que me señalaba el espejo de la recepción.

Tardé en captar su desesperado mensaje, pero cuando reconocí las siluetas allí reflejadas casi me fui de espaldas.

Un policía parecía estar montando guardia. Junto a él estaban los abogados de mi esposa acompañados de mis suegros.

Me agazapé contra la pared abrazando muy fuerte al niño para no ser visto y, sin darle las gracias a mi amiga, sin despedirme ni dar aviso a nadie, corrí como un loco atravesando la planta. Escapé como un fugitivo por la puerta lateral, esquivando camiones y cajas de productos.

Posiblemente perdería mi empleo, pero no a mi hijo.

Conduje el automóvil rápidamente, sin precaución. Con tanto ajetreo el niño se despertó diciendo que le dolía la cabeza. Al verlo quejándose tuve la premonición de que algo importante estaba a punto de ocurrir.

Era verdad. Lo que sucedió esa tarde cambió por completo mi vida.

5

¿CUÁNTO VALE LO QUE TIENES?

Llegando a la recepción del hotel llamé por teléfono al hospital y pedí hablar con el neurocirujano que le hizo los análisis a Daniel para preguntarle si la jaqueca era algo normal.

—¿El niño tiene fiebre?

—No parece —le contesté después de tocarle la frente.

—Señor Arias, con el EEG detectamos cierta emisión de impulsos arrítmicos y asimétricos en su cerebro. Es recomendable realizarle una escanografía. El costo de esta prueba es muy alto. Se lo digo para que se prepare. Por lo pronto estamos esperando los resultados del cultivo. ¿Dónde puedo localizarlo si tengo algún dato importante que informarle?

Le di el número de teléfono del hotel.

Daniel miraba mi expresión atentamente. Me levanté del sillón y caminé tomándolo de la mano.

—¿Por qué estoy enfermo, papá?

—Tuviste problemas al nacer.

—¿Qué problemas?

Atravesamos el cálido vestíbulo sin decir palabra.

—¿Tienes hambre? —le pregunté con la esperanza de que olvidara el tema.

—No… —mientras caminaba miraba el suelo—. Papá, platícame qué problemas tuve al nacer.

—En realidad no lo sé muy bien, hijo.

Al salvar el dintel de la puerta para pasar a los jardines, Daan volvió a preguntar:

—¿Tú y mamá hubieran querido tener otro hijo que fuera sano en vez de mí?

—¿Qué dices? —me detuve desconcertado.

—Últimamente he notado que ustedes siempre discuten por causa mía. ¿Si yo no existiera se llevarían mejor?

Vacilante, volví a emprender el camino con pasos cortos. Mi hijo me seguía en espera de una respuesta clara y directa como su pregunta.

—¿Sabes, Daan? Aquí, junto al hotel, hay un campo de golf. ¿Quieres conocerlo? Podemos vagar por el prado y platicar sobre lo que quieras...

Asintió.

Deseaba pasar el resto de la tarde con mi pequeño.

Al andar acaricié su cabeza. Era preciso explicarle que él no tenía la culpa de lo que pasaba entre su madre y yo, que su llegada al mundo fue una verdadera bendición...

—Nosotros siempre quisimos un hijo —comencé lentamente y con volumen bajo—. Después de dos embarazos malogrados decidimos adoptar alguna criatura. Ya habíamos comenzado los trámites cuando supimos que tu madre estaba embarazada por tercera vez. La noticia, lejos de producirnos alegría, nos asustó terriblemente. Después del último aborto necesario Shaden había requerido tratamiento psicológico y no queríamos pasar por otra experiencia similar...

Hice una pausa. Daan me escuchaba con una atención sedienta. Salimos del hotel y entramos a los prados.

—Estábamos cansados de fármacos y cuidados excesivos, así que llegamos a la conclusión de que sólo si Dios realmente lo quería tendríamos ese hijo. Dejamos todo en sus manos y nos olvidamos, en lo posible, de las recetas. Esperarte a ti fue la etapa más hermosa que recuerdo. Nos acercamos a la iglesia y nos integramos a un grupo de oración. Inexplicablemente el embarazo prosperó.

—¿De veras fue así?

—Sí. Te deseábamos muchísimo.

Se sentó en el pasto a la sombra de un pino y me jaló de la mano.

—Cuéntame —me miró con sus dulces ojos tristes—, por favor...

—Yo estuve presente en tu nacimiento.

—Sí. Hace mucho me dijiste eso, pero ¿cómo nací yo? ¿Tú viste qué fue lo que me golpeó la cabeza?

—¿Por qué supones que algo te golpeó?

—Porque me están haciendo tantos análisis... Dicen que tengo una herida de nacimiento. ¿Cómo es eso?

Jamás imaginé que un niño de nueve años pudiera tener tantos y tan profundos cuestionamientos... Era cierto. Yo lo sabía y también era cierto que no había nada de malo en compartírselo.

—Bien... —suspiré—, ¿por dónde comienzo?

—Por el principio.

—Mira. La lesión que tienes no se debió a un golpe. Tú naciste por cesárea. Eso significa que tuvieron que abrir el vientre de tu mami para sacarte.

—¿Con un cuchillo?

—Algo así. Esas operaciones son muy delicadas. Tu mami ya estaba siendo preparada cuando conseguí el permiso para que me dejaran entrar. Recuerdo que corrí al quirófano con la tarjeta autorizada en la mano. Una enfermera me dio la ropa que debía ponerme y me indicó dónde estaba el vestidor. Casi volé hasta él y me cambié lo más rápido que pude. El pantalón y la bata azul se ajustaban con correas, me los coloqué al revés y, nervioso, tuve que repetir el procedimiento. Según me enteré después, las botas debían ponerse sobre los zapatos, pero yo me quité todo el calzado y salí apresurado dejando mi ropa en el suelo.

"Me coloqué detrás de la puerta del quirófano dando saltos de ansiedad. A través del cristal se veían tres médicos inclinados sobre el cuerpo de tu mami. Atrás de ella otro especialista controlaba el suero y los signos vitales. A un lado una enfermera les pasaba el instrumental. Nadie giraba la cabeza para verme. Todos parecían realmente ocupados.

"Tu mamá estaba despierta, porque en esas operaciones a las mamás les ponen una anestesia que hace que no puedan sentir nada en el cuerpo, pero ven y oyen perfectamente. El anestesista me miró de reojo y comenzó a decirle a Shaden que yo ya estaba ahí, que se calmara. Ella me llamó para comprobar si era cierto y entonces al jefe del quirófano no le quedó más remedio que hacerme una señal y dejarme entrar. Lo hice de inmediato y comencé a hablarle. Le dije: "Aquí estoy, mi cielo, aquí estoy. Todo está bien."

Una vez encendida la mecha de los recuerdos intensos es difícil reprimirlos. Había detalles que no podía relatar a Daan, pero que se presentaban con infame autenticidad en mi mente sin que pudiera evitarlo. Verbigracia, las primeras escenas de la operación que observé: un cuadro que seguramente para los cirujanos era corriente, pero para el profano resultaba en exceso sobrecogedor.

¡Dios mío!, me dije. ¡Es el cuerpo de mi esposa! Al nivel del bajo vientre había una abertura enorme. Los órganos humanos, que sólo había visto en fotografías o películas, estaban al aire. El color rojo de la sangre entintaba todo el interior. Los doctores introducían pinzas, tijeras, navajas, gasas, cortando, limpiando y palpando con sus ensangrentados guantes de látex.

Tampoco quería decirle a mi hijo, por no despertarle el deseo de ver a su madre, que, mientras observaba la intervención, sentí cómo segundo a segundo se incrementaba mi amor y respeto por esa mujer tendida en la mesa de operaciones que sonreía y me hablaba con voz tierna.

—¿Por qué te detienes, papá? Sigue platicándome.

—Ah, sí —carraspeé un poco—. Tu madre preguntaba continuamente: "¿Ya nació?" Y yo le decía: "No, mi amor, ten paciencia". De pronto el anestesista, detrás de ella, gritó: "¡Aquí viene!"

"Cuando el doctor hizo una incisión a la última membrana, tus pequeñas nalguitas saltaron hacia afuera, seguidas de un líquido transparente. "¡Ahí viene —volvió a gritar—, y viene sentadito! ¡Es un niño! ¡Un hermoso niño!"

"El cirujano desdobló tus piernitas y las tomó fuertemente. Con la mano derecha trató de jalar, pero sólo salió medio cuerpecito; entonces metió nuevamente la mano hasta encontrar la cabecita y la atrajo hacia afuera."

Interrumpí mi relato cuando un carro de golf pasó cerca de nosotros. Daan tenía la vista perdida, como vislumbrando las escenas de aquel importante acontecimiento que él no podía recordar...

Por mi parte no tuve que esforzarme. Mi mente se encargó de revivir los hechos y remover los sentimientos sin conmiseraciones. Lo que recordé seguidamente no se lo dije a Daan.

En ese último tirón Shaden emitió un quejido desgarrador. Más tarde nos comentó que aún anestesiada sintió el jalón como si le hubiesen arrancado sus mismas entrañas.

Sobre el cuerpo de mi esposa estaba Daan colgando de cabeza, detenido por las manos del doctor y aún conectado al cordón umbilical. Era demasiado pequeño para asemejarse a un ser humano. En realidad parecía una víscera más, un órgano blanco, brillante y ensangrentado, pero que curiosamente tenía la forma de un diminuto bebé.

Jamás me había imaginado que el sólo ver ese inmóvil pedazo de carne colgando cambiaría tanto mi vida. Son instantes impresionantes en los que, en pocos segundos, uno madura años.

El doctor cortó inmediatamente el cordón umbilical. En ese momento todo fue nerviosismo y confusión en el quirófano.

Yo sabía que comenzaba la cuenta regresiva de la vida. La muerte estaba a un paso. Todo dependía de la rapidez y agilidad con que los doctores hicieran respirar a ese pequeño pedazo de carne. La enfermera asistente lo recibió en sus brazos y corrió a una mesa próxima. El pediatra la esperaba con una bomba succionadora conectada a delgadísimas sondas.

Daan no se movía. Parecía muerto. Por un momento me convencía de que tendría que vivir con la angustia de haber visto a mi primer hijo muerto al nacer. Todo parecía un sueño. Eso que estaba pasando no era real. No podía serlo. Me sentía flotar en el aire.

Siempre imaginé un parto normal. Incluso Shaden y yo tomamos el curso psicoprofiláctico juntos, pero las membranas se rompieron con setenta días de anticipación... y he ahí que estaba presenciando una cesárea de emergencia, sin poder tocar siquiera a mi esposa, viendo nacer a un niño prematuro, pequeñísimo, blanco, inmóvil, como si estuviera muerto.

Caminaba desesperado de un lado a otro: me asomaba sobre los hombros del pediatra intentando ver aquello que se suponía era mi hijo y volviendo a la mesa de cirugía a mirar la sangrienta extracción de la placenta.

"Dios mío, Dios mío", me repetía en mi interior, "esto es un sueño, esto no puede estar pasando."

—¿Está bien, doctor? ¿El niño está bien? —gritó mi esposa, pero nadie le contestó.

—El oxígeno. ¡Pronto! —escandalizó el pediatra—. ¡No respira!

El anestesista se movió tan rápido como pudo arrastrando el pesado tanque. Mi impulso inmediato fue correr a ayudarle con la carga, pero me detuve. Primera regla en el quirófano: no estorbar.

El niño estaba muerto, así que volví hacia donde se encontraba Shaden. No podía hacer nada por el bebé, pero sí por mi esposa: debía ayudarla, prepararla; al menos estar a su lado.

—¿Está bien el niño? —gritó Shaden—, ¿está bien?

—Sigue contándome, papá... ¿Qué pasó después?

Me sobresalté. Había estado varios minutos en silencio y el niño quería saber más.

—Tardaste un poco en respirar... —le dije titubeando—. La falta de aire te causó la lesión que ahora tienes. No fue un golpe. Hubo mucha angustia en el quirófano, pero de pronto comenzaste a toser... Tosiste otra vez y escupiste como si estuvieras expulsando una flema o reviviendo después de medio ahogarte. Sentí una gran alegría y una terrible ansiedad. ¡Ayúdenlo, por favor, ayúdenlo! "¿Respira, doctor?", gritó tu madre. "Sí...", le contestó. La enfermera te envolvió y te sacó corriendo del quirófano. El pediatra salió detrás. Te llevaron directo a la incubadora. No supe más de ti por el momento.

Dejé de hablar.

Mi hijo estaba fascinado, con la boca abierta.

En mi mente siguió proyectándose la película de los recuerdos:

—*Acérquense —me invitó el anestesista.*

Caminé hacia Shaden.

—*Mi cielo... —le acaricié la cabeza.*

—*¿El niño está bien?*

—*Claro que sí.*

—*Está perfecto. No te preocupes, descansa, tranquila...*

—*¿De veras está bien?*

—*Claro que sí.*

—*¿Está vivo?*

—*Sí, mi cielo, tan vivo como yo.*

Comenzó a llorar. A llorar con una congoja enorme.

—*¿No me estás mintiendo?*

Abracé su cabeza y la besé.

—*Tranquila, mi amor, tranquila. De veras está bien.*

—*¿De veras, David? Júramelo, por favor.*

Comencé a sentir un nudo en la garganta. Eso era demasiado.

El anestesista insertó una aguja en la manguera del suero y lentamente comenzó a introducirle un líquido.

—*La voy a dormir, señora... Debe relajarse. Cuando despierte ya estará en su cuarto.*

—*¿Está bien mi hijo? —repetía incesantemente—. ¿Está completo? —sus ojos comenzaron a cerrarse y su mente a caer en el abismo de la anestesia. Aún así, siguió hablando con voz pastosa, volumen bajo y articulación cerrada.*

La operación duró una hora más, una hora en la que Shaden no dejó de hablar. La ternura de esa voz, torpe y suave, preguntando todo lo que había en su subconsciente me impactó severamente. Después la soñé dos o tres noches.

"¿Tiene los cinco dedos? ¿Tiene boca, nariz, ojos, oídos, pies, manos? ¿Es bonito? ¿Cuánto pesa? ¿Cuánto mide? ¿Qué apgar tuvo? ¿Pueden traérmelo aquí, donde lo vea? Mi amor, diles que quiero verlo. ¡Doctor, quiero ver a mi niño!"

—¿Cómo celebraron mi nacimiento? —me preguntó Daan repentinamente.

El cielo se hallaba nublado. Un rayo cruzó el firmamento anunciando la proximidad de una fuerte lluvia.

—La verdad —confesé— no podíamos haber celebrado una fiesta pues tu vida estaba en peligro y aunque nos sentíamos felices de que hubieras nacido, también estábamos muy preocupados. ¡Pesaste poco más de un kilo y medio! Yo estaba profundamente emocionado pero confuso. Esa noche me fui a cenar solo a un restaurante. La música de fondo me hacía vivir la sensación de estar flotando, de estar en otro mundo. ¡Era padre! ¡Había tenido un hijo! ¡Mi máxima ilusión, mi mayor anhelo, mi más grande reto en la vida se hizo realidad…! Sin embargo, la sombra de la muerte estaba sentada en mi misma mesa. Podía sentirla con repulsiva claridad… "¡No te lleves a mi hijo…!", le dije… "No tienes derecho…"

Cuando Shaden salió del quirófano permanecí a su lado en la sala de labor antes de que la subieran a su habitación. Despertó de la anestesia muy rápido. Casi creo que nunca se durmió realmente. La incubadora estaba a dos metros y me pidió que se la acercara. La empujé con delicadeza y ella se incorporó a medias luchando contra el dolor de la herida.

—Hijo… —susurró como si el bebé pudiera escucharla a través de la gruesa pared acrílica—, hijito lindo… —me miró a mí con ojos horrorizados soltándose a llorar—: ¡Está muy chiquito!… Hijo… ¡Hijo!…

Y su llanto fue tan angustiado y abundante que la enfermera corrió a consolarla y yo me quedé petrificado junto a la incubadora.

—Su bebé está muy delicado —me dijo el pediatra cuando estuve solo con él—. Las posibilidades de que viva son mínimas… Es mejor resignarse.

—El restaurante parecía casi vacío y por un momento pensé que el mundo entero nos daba la espalda —continué contándole a Daan—. No apetecía comer. El plato estaba frente a mí. Yo lo observaba sin moverme hasta que una lágrima cayó sobre el mantel. Le dije a Dios que no importaba si mi hijo estaba enfermo. En ese restaurante, llorando le pedí que te permitiera vivir a cualquier precio... —me detuve conteniendo la emoción.

Cuando pude, proseguí muy despacio:

—Esto es algo que nadie sabe, Daniel, a excepción de tu madre... En ese momento sentí la imponente presencia de Dios, su infinito poder, su infinita bondad. En mi delirio imaginé que Él me veía y entonces no me importó que nadie en el mundo celebrara conmigo. Cerré los ojos limpiándome las lágrimas, que no dejaban de correr por mis mejillas. "¡Dios mío! ¡Dios mío! Soy tuyo, Señor —repetí por lo bajo—, haz de mí lo que quieras... Gracias por lo que está pasando. Perdóname por querer hacer siempre mis caprichos. Tú sabes lo que nos conviene a todos. Me entrego a ti sin condiciones. Toma mi vida, Señor... Y toma la vida de mi hijo y la de mi esposa, te las entrego. Son todo lo que tengo, Dios mío... Haz de ellas lo que tú quieras."

Al dejar de hablar, la congoja que me ahogaba comenzó a transformarse en una profunda paz. Daniel también la percibió.

—Gracias, papá...

Me volví hacia él y lo abracé con mucha fuerza.

Qué estúpidos somos a veces los seres humanos... Enterramos nuestros tesoros y nos llenamos los bolsillos con suciedades. Y lo peor es que ni siquiera nos damos cuenta... Todo se convierte en hábito. La rutina es nuestro enemigo más terrible. El trabajo, los proyectos, las demandas, el dinero, nos hacen olvidar lo que tiene más valor...

De pronto nos vemos conduciendo el automóvil de la vida a toda velocidad sin percatarnos de que lo más importante no es la carretera ni el velocímetro sino esas personas que hemos olvidado y que llevamos viajando en el asiento de atrás, esos seres humanos valorados únicamente al sentirlos perdidos. ¡Es cierto! Lloramos de alegría cuando nos unimos a ellos o cuando los vemos nacer y lloramos de tristeza cuando se van, pero mientras están con nosotros evitamos darles nuestro tiempo, convivir, disfrutarlos en cada etapa... Y es que en el delirio rutinario todo nos resulta más urgente, desde el trabajo hasta un partido de futbol.

"¿Cuánto vale una familia?", me dije. "¡Grandísimo animal! ¡La paz de un hogar es algo que no tiene precio y la dejaste escapar! ¡Qué idiota has sido! La vida está pasando frente a ti y tú dormido…, soñando con monstruos y vampiros."

Comenzó a llover.

Dejé de abrazar a mi hijo y lo besé en la mejilla.

—No llores, papito…

La lluvia incrementaba gradualmente su intensidad.

—Vámonos —le dije limpiándome la cara.

—No… —sonrió con una seguridad y dulzura que hacía mucho no había visto en su rostro—. Me quiero mojar…

—De acuerdo.

—¿Sabes? —me dijo—, estoy seguro de que los problemas se van a arreglar.

—Yo tengo uno muy grande que ha echado todo a perder en mi vida.

—Tu carácter —suspiró—. Cuando te enojas haces tonterías.

—Y he hecho muchísimas, hijo.

—A mí no me importa.

La lluvia caía en enormes gotas, cada vez más cerradas.

—¿Corremos al hotel? Todavía podemos salvarnos.

Sin contestar se puso de pie y emprendió la carrera. Me levanté y fui tras él.

Íbamos a la mitad del campo de golf cuando el aguacero se hizo terriblemente tupido y fuerte. Era inútil correr. En unos segundos estuvimos totalmente empapados.

El niño cayó de narices frente a mí.

Presa de un miedo repentino me apresuré a levantarlo.

Al agacharme vi que se carcajeaba.

—Estoy bien.

Lo abracé con lágrimas en los ojos.

Se puso de pie y me tomó de las manos. Comenzamos a dar vueltas bajo el tremendo aguacero. Daan reía con una alegría enorme. Por fortuna llovía tan copiosamente que no se dio cuenta de que, aunque yo también reía, mi cara estaba bañada en lágrimas.

En ese momento detuvo su juego, se hizo a un lado el pelo empapado y me observó los ojos ligeramente entrecerrados por la lluvia.

Me puse de rodillas para estar a su altura.

—No te preocupes, papá... Si Dios te oyó en ese restaurante, nos oirá otra vez...

No pude contestar. Una congoja enorme me hizo explotar. Comencé a llorar abiertamente como un niño pequeño. Nuevamente abracé a mi hijo. Estábamos en medio del campo de golf enlazados. No podíamos hablar, pero nuestro intenso abrazo era una plegaria, una súplica, un grito de ayuda.

6

INCONFORMES QUE SE QUEDAN

Llegamos a nuestra habitación escurriendo.

Por debajo de la puerta habían arrojado un sobre cerrado. Lo recogí y revisé el interior. Tenía una pequeña nota con un recado telefónico del doctor Rangel indicándome que lo llamara al hospital de neurología.

Daniel y yo fuimos al baño y nos dimos un regaderazo con agua tibia. Sequé al pequeño con la toalla, le puse su pijama y lo peiné. Necesitaba dinero. Le expliqué a mi hijo que iba a dejarlo solo por un rato para ir a visitar al dueño de la empresa. Mientras él se recostaba en la cama viendo una película, me vestí presuroso y llamé por teléfono al médico. El tono sonó ocupado. Insistí varias veces pero no tuve suerte.

"Llamaré más tarde", me dije.

Recordé a mi esposa y sentí pánico. Ella estaba llevando su barco hacia otras aguas, navegaba con otro rumbo... Además yo era un prófugo que había raptado a un menor. Seguramente no iban a tardar en encontrarme y Daan sufriría las consecuencias de todo ello. Entonces decidí irme del país. Era preciso actuar rápido, con paso firme y seguro si no quería perder la felicidad que había encontrado.

Marqué el número de Karen y le dije que preparara una maleta pues iba a pasar por ella para irnos de viaje...

Rumbo al domicilio particular del accionista mayoritario imaginaba el futuro: el doctor Rangel me tendría que indicar a qué médico acudir en el extranjero; iba a ser complejo cruzar la frontera;

seguramente mi hijo y yo habíamos sido reportados a la policía de todo el país, pero si Karen nos acompañaba podríamos pasar como una familia diferente; no sería fácil; requeriríamos falsificar documentos; la idea me asustaba, pero a la vez me entusiasmaba; quizá con el tiempo Daniel lograría olvidar a su madre y querer, como yo, a Karen.

Llegué a la casa del señor Vallés cerca de las diez de la noche. Cuando minutos antes le llamé por teléfono para decirle que me urgía verlo, el anciano se mostró sorprendido pero no hizo averiguaciones; aceptó recibirme. Ni siquiera preguntó dónde había obtenido su número privado. Yo tampoco puntualicé que Karen me lo había proporcionado.

Su casa no era tan magnificente como yo esperaba. Siempre conjeturé que el accionista mayoritario de la compañía viviría en un palacio, pero no era así. Había amplitud, jardines, un par de criados, pero no lujos ostentosos.

—Me da gusto recibirlo —declaró sonriendo abiertamente—, aunque le diré que su visita me es totalmente inesperada.

—Gracias...

Pasé a la sala, tomé asiento como me lo indicó y, dada mi falta de habilidad para entablar charlas sociales, entré en materia sin siquiera haber roto el hielo.

—Estoy un poco molesto —expresé en voz neutra—. Creo que la elección del gerente general fue un engaño. Esta mañana Jeanette nos citó en su oficina para darnos un discurso muy conmovedor de compañerismo y servicio, pero también nos proporcionó a todos una copia del cuaderno de nueva filosofía. Inmediatamente me percaté de que ella escribió el artículo sobre calidad humana en el cual el Consejo se basó para la votación. Siempre se supo que Jeanette iba a ser electa pues era la inventora de ese nuevo dogma, así que ¿por qué se nos hizo creer que iba a haber elecciones democráticas?

El anciano me miró unos segundos y tomó la palabra con su serenidad acostumbrada.

—No había nada arreglado previamente. Aunque en efecto yo deseaba que ella fuera designada, la votación fue real...

—Quiero renunciar, señor Vallés.

Su modo afable se tornó enojoso.

—¿No le parece absurdo venir a decirme eso a mi casa? ¿Por qué no lo hace por los canales normales?

—Bueno... no quise esperar. Además, sólo usted puede autorizar el retiro del fondo de ahorros y mi liquidación de manera inmediata. Voy a hacer un viaje urgente y quisiera solicitarle que me depositen el dinero en una cuenta bancaria. Sé que esto es inusual, pero, créame, no tengo otra opción. Puedo firmarle el documento que usted desee.

El anciano inspiró lentamente y movió la cabeza.

—Mucho me temo, señor Arias, que no puedo hablar de negocios sin antes haber definido perfectamente los derroteros. Haré algunas conjeturas y me corregirá en lo que esté equivocado: usted no puede presentarse mañana a la empresa porque sabe que lo estará esperando la policía. Usted raptó a su hijo. Su esposa le ha levantado cargos y ahora pretende huir...

Me quedé helado. ¿Cómo estaba enterado de todo eso?

—Bue... bueno —tartamudeé—. Es cierto que he tenido problemas familiares, pero eso no tiene nada que ver con mi decisión de trabajo...

—Señor Arias, no trate de hacer demagogia frente a un viejo que podría ser su padre. Usted está huyendo, esa es la palabra, e intenta darle la espalda a sus problemas.

—Llámelo como quiera —respondí decidido al ver que no quedaba nada que ocultar—. Simplemente estoy tomando una decisión. Es verdad que firmé un acta de matrimonio, pero después de evaluar las cosas que pierdo y las que gano tengo derecho a cambiar de opinión. Mi derrotero es así de claro: estoy decidido a pagar el precio de ese cambio de opinión.

—Muy bien —convino—, se necesita valor para hablar así. Pero tenga cuidado: usted tiene el derecho de renunciar a todo lo que desee en la vida, siempre y cuando no olvide que eso debe ser el **último recurso.**

Bajé la vista. ¿Qué otro recurso me quedaba? Tal vez el anciano notó la turbación de mi ánimo porque continuó hablando con el entusiasmo propio de un maestro que ha visto la oportunidad de enseñar algo trascendente.

—La emoción más común y destructiva en los seres humanos, señor Arias, es el desaliento. Es más frecuente y causa más estragos que la ira, el odio, el miedo, la preocupación, el rencor, etcétera. Es la madre de todos los suicidios, es un monstruo letal que se esconde tras la sombra del anonimato. Usted está siendo presa de esa emoción.

—¿El desaliento?

—Sí: desánimo, decaimiento, depresión. Ocurre cuando nos enfrentamos a situaciones aparentemente injustas. Ocurre al sopesar ilusiones, sueños, aspiraciones que no se consumaron. Ocurre al ver la actitud egoísta y cerrada de ciertas personas allegadas. Algunos estadistas afirman que por dicha emoción siete de cada diez personas están pensando en cambiar el empleo este año y que el 80 por ciento de los matrimonios están considerando seriamente la separación definitiva. Miles de adolescentes se van de su casa diariamente convencidos de la frialdad, injusticia o autoritarismo de sus padres. La deserción escolar ha llegado a niveles alarmantes porque los estudiantes, ante profesores prepotentes, aburridos o poco estimulantes, se dejan envolver por esa burbuja pegajosa y subyugante que se llama desaliento... Es el mal de nuestros días, contador. La gente está harta de tal situación; está en el camino, pero sin muchos ánimos de seguir.

—¿De modo que lo que me pasa a mí es algo común y corriente? ¿Cuál es la salida entonces? No me dirá que "según los preceptos de urbanidad" tenemos la obligación de quedarnos a soportar cualquier atropello con la cerviz agachada como perros.

—De ninguna manera. No hay nada más denigrante para un ser humano que dejarse humillar, tolerando abusos en silencio. Muchas mujeres soportan golpes, insultos o infidelidades "por el bien del hogar y de sus hijos". No hay actitud más absurda y tonta. La resignación en estos casos es sinónimo de cobardía. Una persona dejada inspira lástima; nadie la respeta porque ella no se respeta a sí misma. Hay millones de seres humanos en ese nivel, que se escudan con el lema de "prefiero no tener problemas" y se ven precisadas a vivir medrosamente con apatía y tristeza...

—Entonces usted me está dando la razón. Una forma superior de reaccionar es respetarse a sí mismo y no dejar que las cosas sigan igual, aunque se tenga que poner tierra de por medio.

—Bueno..., sí y no —dijo el hombre con interés—. Ser inconforme es estar en un nivel más alto que ser un cobarde. Para decir "no estoy de acuerdo", aunque sea desapareciendo o incitando a otros a protestar, se requiere un cierto grado de gallardía; sin embargo, es cierto que, en este segundo nivel, hay una gran cantidad de gente, mucho mayor que en el nivel anterior, con la compulsión neurótica de maldecir todo. Andan de un lado a otro, nunca están a gusto, se la pasan quejándose, intrigando, propagando chismes e ideas negativas, se la pasan huyendo y regresando, traicionando a unos y a otros. Es un tipo de gente que se encuentra en todos lados: que saca el dinero del país cuando hay crisis, que busca aventuras amorosas cuando discute con su cónyuge, que cambia impulsivamente de empleo o de ciudad con tal de no seguir soportando las cosas que le desagradan. Son infantiles crónicos. Cuando tienen la sonaja por la que lloraban la dejan caer, olvidándose de ella, y lloran por la pelota. Ese es el mecanismo de la perdición. Creen que el patio del vecino es más verde, que su coche es más rápido, sus hijos más nobles, su trabajo mejor...

No supe qué contestar. Esa descripción era mi auténtico retrato.

—Si usted se mueve en ese estrato —continuó como si hubiese adivinado mi pensamiento—, sepa que hay otro grado mayor al que debe aspirar. Ese tercer horizonte es característico de los próceres, de los grandes hombres de la humanidad, de la gente especial que trasciende, que deja huella. Me refiero a LOS INCONFORMES QUE SE QUEDAN A TRABAJAR. ¿Sabe usted que muchos de los caudillos de la Independencia de todos los países pudieron, para no vivir inmersos entre tanta corrupción y dolor, irse a una tierra más tranquila? No fueron cobardes que toleraron la humillación, pero tampoco inconformes anónimos que hicieron daño escondidos entre los demás o que salieron huyendo para no ser afectados. Pensaban como los grandes: LOS INCONFORMES QUE SE QUEDAN A TRABAJAR... Personas que hacen historia, que son las piedras angulares de la humanidad. ¿Usted sabía que Ghandi estudió leyes y aunque pudo quedarse en Inglaterra a disfrutar la plácida vida aristocrática de los abogados prefirió volver a la India a exponer abiertamente sus inconformidades y a trabajar para su país? Quien alcanza este nivel es alguien que entrega su existencia a aquello que le pertenece... Entiéndalo, es muy claro: los grandes hombres no abandonan su ciudad porque hay epidemia; se previenen, protegen a los suyos, pero se ponen a trabajar, a ayudar, a conseguir víveres...

"¿Sabe usted cómo se descubrió la mina de diamantes más grande del mundo?

"Escuche muy bien esta pequeña muestra de historia humana. En ella hay un mensaje tremendo: Cerca del río Indo había un persa llamado Alí Hafed. Era dueño de una enorme hacienda en la que vivía cómodamente con su familia. Sin embargo, el hombre, aunque era rico, sentía que su existencia carecía de sentido y tenía el legítimo deseo de superarse aún más ... Un día cierto viajero le mostró un diamante y le dijo cuánto valía. El hombre rico, obsesionado con la idea de volverse multimillonario, vendió la granja, dejó a su esposa e hijos encargados temporalmente con un familiar y salió en pos de su anhelo: se gastó cuanto dinero tenía buscando diamantes en todas las playas y ríos de arenas claras hasta entonces conocidos. Después de varios años, ya en la miseria, volvió anónimamente a su ciudad, pero encontró que su familia se había mudado. Desalentado y perdido como un vagabundo fracasado, se adentró en el mar y se suicidó. Lo verdaderamente trágico de la historia es que el hombre que compró la granja de Alí Hafed, una mañana que estaba dando de beber a sus camellos en el arrollo que pasaba por su terreno, vio una piedra negra que emitía un destello de luz; la limpió y descubrió un cristal precioso; escarbó en las aguas del riachuelo y casi a flor de piso halló gemas aún más hermosas y grandes. De esa forma y en ese preciso lugar descubrió el yacimiento de diamantes más grande del mundo: la mina "Golconda". Las gemas más maravillosas que se han hallado provienen de la que fue la despreciada granja de Alí Hafed.[5]

---

[5] *Hacia un éxito ilimitado*, Og Mandino, Editorial Diana.

"Señor Arias: jamás sabremos el tesoro que tenemos en nuestra casa hasta meternos de cabeza a luchar por ella. Si ese hombre se hubiese decidido a trabajar ahí, en el lugar que Dios lo había puesto, en vez de abandonarlo todo e irse a probar fortuna a otras tierras, su final hubiese sido muy distinto. Que no le pase a usted lo mismo. Cambiar no significa progresar. Apréndase esta frase: *"Dios bendice a los hombres que progresan sin cambiar su esencia"*. Hay muchos trabajos y países. Usted puede dedicarse a probar todos ellos, pero créame, no hallará nunca lo que busca hasta que elija uno, lo trate como SUYO y en él apueste el todo por el todo... De la misma forma, entienda: hay muchas mujeres, pero hay sólo una que de algún modo le pertenece a usted y a quien de algún modo usted le pertenece... Es cierto que puede abandonarla si le da la gana, pero no lo haga sin antes haber puesto todo el empeño que es posible poner para hallar la mina de diamantes que hay en ella."

Miré a mi alrededor. Sentí que me faltaba el aire. Nunca había interpretado las cosas desde ese punto de vista. Era tan confuso. Yo ya había tomado una decisión; y ahora estaba ahí sentado como un niño regañado que no sabe lo que debe hacer.

—Eso suena muy bien —articulé entre dientes—, pero ¿qué pasa cuando tenemos que vivir en la cotidianidad de los días con gente arrogante, violenta, difícil? ¿Cómo se puede luchar por una familia o por un trabajo si hay incompatibilidad de caracteres entre las personas?

—Muy buena pregunta. Y la respuesta es igualmente buena y útil. Hay una constante natural en las relaciones humanas que yo llamo la "LEY DE LA SEMEJANZA" y es ésta: "TODOS LOS MIEMBROS DE GRUPOS DE CONVIVENCIA CERCANA TIENDEN A PARECERSE ENTRE SÍ". Eso significa que tarde o temprano las personas comienzan a adaptarse a la forma de ser de los demás individuos con quienes residen.

—¿Y si inicialmente todos son muy distintos? ¿Quién se adapta a quién?

—Muy fácil: *el que tenga el estilo más definido comenzará a dominar a los demás*. Aprenda esto, señor Arias: en todos los núcleos sociales existe una guerra tácita de personalidades. Los que se mantienen firmes en sus principios y valores terminan influyendo. Obsérvelo. La persona amorosa, soñadora, ética, se va rodeando poco a poco de gente así. ¿Por qué? Porque todos nuestros hábitos son aprendidos de observar a los demás: cómo vestimos, reímos, tosemos, caminamos, comemos y pensamos. Este punto es verdaderamente importante para entender el comportamiento humano.

—¿Está sugiriendo que vivimos rodeados de personas que se asemejan a nosotros?

—Ni más ni menos. Esa es la ley de semejanza. Si su equipo de empleados es desordenado, lo es porque usted es el desordenado mayor; si sus amigos son burlones, hipócritas y dañinos, véase al espejo. Si su familia no tiene normas bien definidas es porque usted como individuo tampoco las tiene. Detrás de un grupo exitoso siempre se halla un triunfador. A un lado de todo gran hombre (no detrás), ¿recuerda esa frase?, existe una gran mujer. La ley puede comprobarse en la pareja mejor que en ningún otro caso. ¿Alguna vez ha hecho un viaje en compañía de otro matrimonio? Se habrá dado cuenta de cómo entre cónyuges se parecen mucho los hábitos de sueño, comida, discusión, aseo, vestido o pasatiempos, y cómo, de una pareja a otra, estos hábitos difieren. Ciertamente cuando nos casamos había grandes diferencias de carácter con nuestra pareja, pero con la convivencia diaria y cercana las personas se van adaptando a la personalidad del individuo más definido y convincente.

—Un momento —interrumpí—, vamos a suponer que escucho una conferencia, leo un libro o tengo una experiencia espiritual que me hace cambiar. Por ejemplo: en este mismo momento, al escucharlo a usted, me estoy uniendo a su forma de pensar... Pero posteriormente llego a mi casa, donde hay apatía, negativismo y mal humor... Entonces comienza la guerra de personalidades ¿no es así?

—Precisamente. Con el tiempo sus familiares acabarán absorbiendo la nueva forma de ver la vida que usted tiene y cambiarán a su estilo o usted acabará olvidando lo que aprendió volviendo a ser como ellos. Si no hay *adaptación* de alguna de las partes, habrá separación. Eso es inevitable.

Al verme absorto Vallés se detuvo unos segundos, quizá para permitir que los conceptos terminaran de acomodarse en mi bóveda mental.

—Muchas personas que viven en compañía de seres mordaces y destructivos —continuó— se la pasan quejándose y cuestionándose cómo hacer cambiar a esos individuos, sin darse cuenta de que son precisamente esos sujetos amargados quienes las están cambiando y amargando a ellas.

—Ese sí que es un condenado rompecabezas común y corriente —opiné.

—Y está de moda pensar que la única solución a ese problema es el divorcio. Por eso más de la mitad de las parejas que se casan terminan disolviendo su matrimonio. No es por culpa de la crisis ni de la época moderna; es cuestión de mentalidad. Si cree que usted y su pareja son incompatibles, permítame decirle que está adoptando una mentalidad comodina e irresponsable. ¡Todas las parejas, en ese orden de ideas, son incompatibles! Para limar las diferencias llénese de energía positiva y enfrente la guerra de personalidades. Los hombres no estamos acostumbrados a luchar por lo que es nuestro, a ser pacientes, a mantenernos incorruptibles y esperar que los demás vayan cambiando con nuestro modelo de vida. Adquiera valores y manténgase firme. Aliméntese continuamente de sueños enormes, busque a los grandes. Ellos siempre lo nutrirán con ideas poderosas.

Miré a Vallés sin poder evitar una chispa de admiración. Tal vez se percató de mi nueva actitud porque, a manera de testimonio, continuó:

—Cuando yo tenía 30 años le comenté a un compañero de trabajo del mismo rango que algún día sería presidente de la empresa y él se rió, se burló abiertamente de mí. Yo me estaba acercando a un mediocre. Si me hubiese quedado con su opinión me hubiese desanimado; pero un día le pedí una cita al presidente corporativo para decirle que deseaba conocerlo para que me diera algún consejo porque algún día yo ocuparía su puesto. Se asombró mucho, pero no se rió; me tomó en cuenta, me tomó en serio. Los grandes saben que SÍ se pueden hacer las cosas, porque ellos las han logrado. Y no se burlarán de usted.

—¿Y si no tengo acceso a ningún "grande"?

—Tiene acceso a sus libros. Y no olvide: con un poco de humildad también tiene acceso al Ser más grande del Universo. Al Creador... Hable con él. Es un verdadero amigo. Nadie podrá llenarlo de más amor.

Asentí.

—El concepto es muy claro, pero enfrentar una lucha de personalidades es difícil. La mayoría preferimos simplemente protestar anónimamente y probar en otro lado.

—¡Claro! Protestar anónimamente es muy común. Las cartas sin firmar que llegan a mi buzón de sugerencias ni siquiera las leo. Pienso que si alguien no respeta lo suficiente su opinión para firmarla, su opinión no vale lo suficiente como para que yo me moleste en leerla. El anonimato mordaz es el estigma de los ladrones, vividores y marrulleros. Éstos se dan valor en medio de las masas, pero nunca le dicen a uno lo que piensan cara a cara. Son lacras sociales, parásitos, escorias. Que a usted nunca le dé vergüenza poner las cartas sobre la mesa, exigir, hablar con franqueza, sin miedo, como lo hizo al manifestar su molestia por la elección de la gerente. Si cree que su franqueza echará a perder la relación, se equivoca, la fortalecerá. En caso de que la otra persona se ofenda, siempre le quedará el recurso de pedir una disculpa posterior, o escribir una nota para aclararle que usted no pretende traicionar ni huir. ¡Inconfórmese, pero actúe con la lealtad de quien tiene puesta la camiseta de su equipo y está dispuesto a dar lo mejor por aquello que es suyo. Si el lugar en el que está va mal, ayúdelo a crecer; eso vale mucho más que si se muda a un lugar que creció gracias al esfuerzo de otros. Piense como un tripulante, no como un pasajero. Señor Arias: arregle su vida, sea valiente, adquiera el nivel mental de los inconformes que se quedan a trabajar. Haga con su familia, con su trabajo, con su país, con su iglesia, con todo lo que es suyo, lo que recomendó Jesús en su parábola de la higuera estéril. ¿La recuerda? [6]

Asentí..., pero no pude hablar, tenía un nudo en la garganta.

---

[6] *Sagrada Biblia*. Lucas 13 6-9.

—Dijo que no debían cortarla —remarcó el anciano— sin antes abonarla, regarla y cuidarla con todo esmero. Dijo que debían ser pacientes y esperar al menos un año para ver si daba fruto. Sólo al comprobar que no ofrecía beneficio después de haber luchado por ella debía cortarse. El concepto es darse LA ÚLTIMA OPORTUNIDAD, pero no como se da una simple advertencia o amenaza egoísta, sino como una promesa de sacrificio total y trabajo incondicional para salvar la higuera.

Cuando Vallés terminó de hablar yo estaba vibrando. En mi mente se repetía una y otra vez la idea de que: *"No debía divorciarme sin antes darle a mi matrimonio la última oportunidad, pero no como se da una simple advertencia o amenaza egoísta, sino como una promesa de sacrificio total y trabajo incondicional para salvarlo..."*

—¿Me permite hablar por teléfono?

—Claro.

Temblando, marqué el número de mis suegros. Me contestó Shaden en persona.

7

EXCUSAS O RESULTADOS

—¿Quién habla? —preguntó inmediatamente.

—Soy yo, David... ¿Cómo has estado?

Hubo un largo silencio en la línea. Finalmente contestó con voz temblorosa:

—Terriblemente preocupada.

Al escucharla titubear cruzó por mi mente la idea de que alguien estuviese junto a ella.

—¿Y tus padres? —le pregunté.

—Ya se durmieron.

—¿Así que estamos solos?

Su voz fue casi un susurro.

—Sí...

¡Era mi esposa!, la mujer de la que me enamoré hace algunos años. La misma muchacha melancólica, sensible, tierna...

—Daniel está bien —le dije.

—Yo quería llevarlo al neurólogo. Después de la crisis que tuvo es muy necesario...

—Ya lo llevé yo —interrumpí.

—¿De veras?

—Claro —recordé el recado telefónico y me puse de pie como movido por un resorte—. Le hicieron varios exámenes. Estamos esperando los resultados. Despreocúpate, está bien atendido.

—David, ¿por qué te llevaste al niño? ¡Todo esto es una locura!

—Entiende que yo no puedo vivir lejos de mi hijo. No tienes derecho a deshacer mi persona.

—Y tú no tienes derecho a gritarme y golpearme por cualquier cosa...

—Fue sólo una vez y tú me provocaste.

Shaden se quedó callada. Su tono sonaba afligido y cansado. Ella no tenía ganas de seguir peleando; yo tampoco. Sin embargo, no podíamos cruzar la sutil línea de la reconciliación. Es interesante que muchas veces, al discutir, vislumbramos esa frontera y no tenemos, pues pasándola estamos en el lugar del otro. Y ahí todo se ve diferente. No existe otra manera de hacer las paces más que sea: poniéndonos en los zapatos del enemigo, comprendiendo sus razones, viendo con sus ojos, sintiendo con su corazón...

—Te entiendo —masculé a punto de perder la neutralidad de mi voz—. Quiero entenderte, Shaden. Tienes razón, pero tú también entiendeme... Estoy muy arrepentido.

Tardó unos segundos en contestar.

—¿Te parece que nos veamos mañana para hablar tranquilamente? —preguntó.

Asentí con la cabeza olvidando que ella no podía verme.

—¿A las diez? —finalmente sugerí—. Te invito a desayunar en la cafetería del club de golf. Ve sola, por favor. Sé que la policía, tus abogados y tus padres me están buscando.

Cuando colgué el aparato, Vallés tenía la vista clavada en mí.

—Mi matrimonio ha sido difícil —le dije.

—Excusas, señor Arias.

—¡Es verdad! —me defendí—. Simplemente no hemos podido congeniar.

El gesto del presidente corporativo era severo.

No le pedí permiso para usar nuevamente su teléfono. Tomar el aparato y marcar el número del hospital me permitió evadirme de su acoso visual.

El doctor Marcos Rangel no podía atenderme. Se hallaba en el quirófano, según me informaron. Pregunté si había dejado algún recado para mí y la respuesta fue negativa. Prometí hablar más tarde.

Salí a la calle aturdido, cabizbajo. Mi mente era un laberinto de ideas mezcladas.

—Llévame a un lugar privado... Déjame darte la paz que necesitas...

¡Cómo necesitaba refugiarme en los brazos frescos de la dulce amiga que me había ofrecido esa paz... y al mismo tiempo cómo me urgía rehacer el hogar que estaba perdiendo!

Conduje el automóvil lentamente por las calles de la ciudad. Llegué hasta el frente de la casa de Karen y me detuve. Las luces del interior estaban encendidas. Tal vez se hallaba esperándome con la maleta preparada, como se lo indiqué.

Sin embargo, pisé el acelerador a fondo y me alejé del lugar.

—¡Dios mío! ¡Dios mío! —grité—. Ayúdame o voy a enloquecer...

Me detuve en un semáforo y vi el anuncio luminoso de un bar que solía frecuentar tiempo atrás. Sin pensarlo dos veces me dirigí a él. En ese sitio hallaría luz tenue y música suave.

Pero no podía dar el siguiente paso sin antes ordenar mis ideas.

Le dejé las llaves al acomodador y bajé del automóvil. La voluptuosa mujer del recibidor me reconoció.

—¡Qué gusto verlo de nuevo! ¡Hacía mucho que no venía por aquí!

Le sonreí sin contestar. Por fortuna el lugar estaba casi desierto. Fui hasta la pequeña mesa del rincón en donde antaño dejaba pasar las horas después del trabajo con la única intención de llegar tarde a casa.

Pedí un whisky natural y me quedé quieto, con la vista perdida.

Recordé lo que me dijo Vallés en cuanto deposité la bocina del teléfono en su sitio:

—Invadidos de pereza, no pagamos el precio de mantener encendida la llama del amor y ésta se apaga. Si quiere recuperar su matrimonio debe luchar. El amor se siembra con ilusión, pero se riega con sacrificios y se cosecha con dolor...

—¿Me está usted diciendo que algo tan sublime se hace a base de lágrimas? —le pregunté.

—Estoy diciendo que todo en la vida tiene un precio: llámese una buena relación conyugal, un ascenso, un título profesional, dinero ahorrado, prestigio, amistades, crecimiento espiritual, físico o mental. *Todo* lo que usted quiera y mande puede obtenerlo si paga el precio.

Llegó el mesero con la bebida y la depositó frente a mí. Aún no lograba entender el alcance de las palabras de Vallés.

Seguí recordando:

—¿Entonces *todo* puede comprarse? —me burlé—. ¿Y en qué consiste el pago? ¿Cuál es la moneda mágica? ¿Por qué si los seres humanos anhelamos lo mejor sólo algunos son capaces de cubrir el importe?

—De acuerdo: definamos primero la moneda. Para adquirir cualquier cosa hay un bien que todos poseemos y que debemos dar a cambio: TIEMPO. Así de fácil y así de difícil también. Por ejemplo: un joven atleta sueña con representar a su país en la próxima olimpiada. Sólo tendrá que dedicarle *tiempo* al proyecto, entrenando, estudiando estrategias, alimentándose bien, y si al primer intento fracasa será indicativo de que no pagó el precio. Eso es todo. Posiblemente el atleta invierta más tiempo y vuelva a fracasar; en tal caso quizá piense que el precio es muy alto y desista. Entonces buscará justificarse echándole la culpa al sistema deportivo o a la mala suerte, pero lo cierto es que él no irá a la olimpiada y otros sí. ¿Quiénes lo harán? Los que hayan pagado el precio que él calificó como alto.

El reciente diálogo con mi presidente corporativo se repetía textualmente en mi cabeza. Era como ver por segunda vez una película con intenciones de entenderla mejor. Hice girar el vaso en mis manos para calentar un poco la fina bebida de granos de cebada. Tomé el contenido a grandes tragos y ordené otra medida igual.

—Nadie obtiene algo grande y duradero por casualidad. Todo tiene un precio.

—¿Incluso el amor? —insistí no muy convencido.

—¡Incluso el amor!

—¿Me está usted sugiriendo que mi hogar no es feliz porque no pagué el precio?

—Sí. Atiéndame muy bien: usted dispone de veinticuatro horas; supongamos que duerme ocho, trabaja ocho, come y descansa cuatro, durante dos ve la televisión, se transporta en cincuenta minutos, y los últimos diez minutos los ocupa en reprender a sus hijos, protestar por el desorden de la casa e instar a su esposa a tener sexo, rápidamente, con usted. ¿Cómo cree que será su vida familiar y conyugal en tales condiciones? —me recogí de hombros, no quise contestar—. ¿Es obvio, verdad? Tal vez cuando el hogar se desintegre precise echarle la culpa a la liberación femenina, a la incompatibilidad de caracteres o a la injusticia del Cielo por haberlo unido a una persona equivocada. ¡Pamplinas y más pamplinas!

Me encogí de hombros y hundí mi cabeza sintiendo cómo el alud caía sobre mí.

¿En qué pensabas, Señor, cuando hiciste aparecer en mi vida a esa mujer y propiciaste nuestra unión sabiendo que no éramos compatibles?

Tuve una premonición negativa. El corazón comenzó a latirme al grado de producirme dolor. Puse la mano derecha en mi pecho y me levanté sintiendo un nerviosismo impresionante.

Caminé hacia la barra tropezándome con las sillas.

—Un teléfono. Necesito hablar a mi hijo. O mejor dicho, al médico de mi hijo.

—No tenemos teléfono, señor. ¿Le ocurre algo malo?

¿Ocurría? Volví a mi mesa sin contestar. ¿Me abatía la preocupación por mi hijo o la no aceptación de unos conceptos que quemaban mi entendimiento? Tomé asiento y traté de concentrarme en las ideas de Vallés sabiendo que eran oro molido, pero sin lograr liberarme de una angustia terrible por la salud de Daan.

—Adoro a mi hijo —recordé que le dije al presidente tratando de defenderme—. No quiero que le ocurra nada malo. Por él estoy dispuesto a pagar cualquier precio.

—Señor Arias, no cometa una tontería. ¿Quiere darle a su hijo el mejor regalo? ¡Ame a su esposa! Cuando sienta deseos de solucionar los problemas del niño piense primero que debe resolver los suyos. Eso es lo que más le ayudará al pequeño. Entiéndalo. Arreglar los conflictos del niño no aliviará los de usted y, tarde o temprano, él volverá a encontrarse mal porque usted de nuevo lo descuidará. Ponga en orden sus prioridades. *La base de la sociedad no es la familia sino la pareja. El matrimonio es el fundamento de la humanidad. Si los cónyuges siguen divorciándose, las familias seguirán desintegrándose y la sociedad pudriéndose...*

El mesero llegó con el whisky que le ordené. Esta vez no me preocupé por girar el vaso. Bebí su contenido de un tirón sintiendo el fuego calcinándome las entrañas y antes de que el hombre se fuese le pedí una medida más.

—¿Le ocurre algo malo? —preguntó Vallés en mis recuerdos.

—No. Sólo que creo que ha habido muchas situaciones en mi vida que me han impedido lograr lo que deseo. Yo he dedicado el tiempo, pero las cosas simplemente no se han podido dar.

—¡Caray! —profirió con evidente enfado levantando la voz—. Le voy a suplicar que grabe en su memoria esta frase: "EN LA VIDA SÓLO EXISTEN DOS COSAS: PRETEXTOS Y RESULTADOS. Y LOS PRETEXTOS NO VALEN". ¿Usted dice que a pesar de haber dedicado tiempo los logros se le han escapado? No se haga tonto, David. Esas son justificaciones mediocres. Por ejemplo, los empleados que dicen trabajar cuatro horas pero que realmente lo hacen sólo dos, y las otras dos fingen, irán logrando cada vez mejores artimañas para estafa el reloj para salir corriendo a la primera campanada; no asciende ni gana bien, pero se excusa echando pestes de sus jefes y de su empresa. Esto ocurre en todos los niveles, señor Arias: si un marido regresa a casa en la noche y se aplasta en el sillón dedicando cuarenta minutos diarios a jugar con el control remoto del televisor en lugar de ocuparlos en platicar con su esposa y ayudarla a recoger la cocina, cuando alguien le pregunte para qué sirve tal o cual botón del control remoto él tendrá resultados, pero cuando se le pregunte cómo van las relaciones con su pareja, tendrá excusas.

Me reí por el excelente ejemplo. Tal vez mi risa fue también un poco nerviosa y un poco defensiva para detener la lluvia de fuego que caía sobre mí. Don Antonio Vallés detectó que el tema me afectaba y no se detuvo.

—Un padre que se queja de que su hijo de dos años no quiere irse con él asegura que el mocoso es huraño; una madre llora porque su hijo adolescente no le tiene confianza y argumenta que el imberbe es ingrato; un esposo se divorcia y declara que su mujer es frígida... Melindres, justificaciones estúpidas y cretinas. EL AMOR SIMPLEMENTE NO ES PARA LOS HOLGAZANES. Quien no esté dispuesto a pagar el precio brindándole al amor el tiempo que éste requiere, no lo tendrá jamás; se la pasará llorando y tal vez acabe suicidándose; incluso renunciar a vivir puede ser más cómodo que arremangarse la camisa y ponerse a trabajar para conseguir lo que se quiere. ¿Que no es fácil lograr un hogar feliz? ¡Nadie dijo que lo fuese! Pero tenga la seguridad de que algunos de los no privilegiados, no suertudos, sino trabajadores, muy trabajadores, dispuestos a pagar el alto precio de las cosas que valen, lo lograrán. Todos tenemos grandes pensamientos, pero al final lo que cuenta son los hechos. Paderewsky dijo que el genio se hace con 10 por ciento de inspiración y 90 por ciento de transpiración, y lo bello de esta ley vital es que no puede aplicarse mañana o el mes entrante, o cuando termine esta etapa, o cuando pasen los problemas de dinero. A nadie le está permitido disponer de la moneda futura; sólo poseemos la que estamos gastando hoy, el único momento del que podemos echar mano es éste. Y ¡ay de aquel que lo esté dejando pasar, porque ya no volverá!

Me sentía cruelmente aludido, como si alguien me cacheteara para despertarme.

—¿Sabe? —le comenté a Vallés antes de salir de su casa—. Yo no le temo al trabajo. Si *"tiempo y trabajo"* son las palabras clave que permiten lograr todo en la vida, no hay excusas para fracasar...

Tomé el tercer vaso entre mis manos y lo bebí despacio. No fue sino hasta que me puse de pie que sentí el mareo producido por el alcohol.

Pagué la cuenta dejando buena propina y conduje el automóvil al hotel con mucho cuidado sabiendo que mis reflejos se habían mermado terriblemente.

Al llegar a la puerta de la habitación me invadió una angustiosa ansiedad.

Percibí esa vibración extraña que acompaña siempre la cercanía de las catástrofes.

—¿Daan? —llamé mientras buscaba la llave nerviosamente—. ¿Estás bien?

No hubo respuesta.

Hallé la llave y al tratar de introducirla en la cerradura, se me cayó. Me agaché para recogerla y golpeé la puerta.

—¿Daan? ¿Hijo? —invoqué con más fuerza.

Me puse de pie y al abrir me extrañó mucho ver la luz encendida tal y como la dejé. ¡Dios mío! La escena era peor de lo que pude intuir. Mi pequeño se hallaba en el suelo. El tarro de crema sólida estaba hecho añicos a su lado.

Corrí a levantarlo. No respondía. Me incliné para escuchar su corazón y no detecté latido alguno... Traté de reanimarlo pero me pareció demasiado tieso y azulado.

—¡Hijo! —grité aterrado.

Me levanté y salí corriendo rumbo a la recepción. El hotel era muy grande. Desesperado, regresé a la habitación y marqué el número de atención a los huéspedes.

—Por favor —me desgañité en cuanto contestó amablemente una señorita—, llame una ambulancia... Mi hijo ha sufrido un accidente. Parece que está... —Y un llanto de impotencia me ahogó impidiéndome terminar la frase.

—¡Cálmese, señor, el niño está vivo! —me dijo uno de los paramédicos mientras otros dos preparaban a Daan para transportarlo al hospital—. Tranquilícese o se va a hacer daño.

—Pero parece muerto… —mi cuerpo temblaba y mi voz sonaba descontrolada—. ¿Qué le pasó?

—¡Modérese para que pueda ayudarnos en vez de estorbar!

—Oiga, infeliz: le estoy preguntando qué le pasó a mi hijo —y al decirlo tomé al sujeto por la camisa y lo aventé contra la pared.

8

TESTIGOS EN LA RIÑA

Los médicos tardaron cerca de dos horas en darme el diagnóstico. Enhiesto en un rincón de la sala de espera, me sentía flotar sin dar crédito a lo que ocurría.

Al fin el neurólogo se me acercó.

—¿Gusta sentarse?

Obedecí como un autómata.

—¿Qué tiene mi hijo, doctor?

—Tal parece que sufrió una crisis convulsiva muy singular. Los enfermos de epilepsia no suelen padecer este tipo de ataques a menos que haya otras causas patológicas especiales.

—¿Qué causas? ¿Qué fue lo que sucedió?

—Tal vez un estatus epiléptico que lo condujo a un coma poco profundo.

Me llevé ambas manos a la cabeza y tiré de mis cabellos con fuerza.

—¿Un estatus? ¿Qué es eso?

—Se dice así a los ataques múltiples que forman un ciclo y duran mucho tiempo. Su hijo presenta una encefalitis metabólica causada por una alteración del funcionamiento bioquímico de la corteza cerebral.[7] Detectamos el problema ayer en la tarde. Inmediatamente llamé a su hotel pero no lo encontré. Le dejé un recado. Habría sido bueno haber internado al niño de inmediato...

---

[7] Ratel, Richard y Saglier, *Diccionario de la Salud Infantil,* Editorial Grijalbo.

—¿Quiere decir que esto pudo haberse evitado? —pregunté sintiendo que el piso se abría bajo mis pies.

—Tal vez no la crisis repetitiva, pero sí la hipoxia cerebral.[8]

Solucione sus problemas. Eso es lo que más ayudará al pequeño. Entiéndalo: si no lo hace, tarde o temprano él volverá a encontrarse mal porque usted de nuevo lo descuidará.

Las lágrimas de la culpa, que son las más infames y dolorosas, comenzaron a quemarme las mejillas.

—¿Y qué va a suceder?

—Esperemos que vuelva en sí en las próximas doce horas, pero igualmente el coma podría trasponerse a fases más profundas. Estamos atendiéndolo con el mejor equipo técnico y humano. Por lo pronto, usted permanezca en calma.

—¿En calma? ¿La ciencia se encoge de hombros y me recomienda que conserve la calma? ¿No le parece absurdo?

—Sí, señor Arias: es absurdo.

Se puso de pie para retirarse.

—Usted podrá visitar a su hijo en cuanto sea trasladado a una habitación de terapia media. Eso ocurrirá dentro de tres o cuatro horas. Conviene que esté con él para que le hable. Si hay cualquier cambio, avise al jefe de piso. Él me localizará de inmediato.

—Doctor —levanté el rostro contrahecho—, ¿puede hacer algo más por mí?

—Claro. ¿Qué se le ofrece?

—Llame a mi esposa y explíquele lo que pasó…

—Son las cinco y media de la mañana… ¿Quiere que le hable ahora?

—Sí.

Shaden llegó al hospital escoltada por sus padres y seguida de un joven a quien creí haber visto antes en algún lado.

La actitud amable que percibí en el teléfono se había tornado mortificada y acre.

---

[8] Academia de Medicina, *Enciclopedia de la Salud Familiar*, Editorial Aguilar.

—¿Qué fue lo que ocurrió? —preguntó alarmada.

—¿No te lo explicó el médico?

—Sí, pero no entendí nada.

—Pues ya somos dos —sonreí un poco.

Movió la cabeza con desesperación.

—Hueles a vino. ¿No habrá sido por tu descuido lo que le pasó a Daan...?

Se alejó para pedir informes directamente en el módulo de enfermería. Su madre y el jovenzuelo fueron tras ella. Entonces lo vi mejor. ¡Era un tipo delgado, de lentes y barba! ¡Idéntico al de la fotografía! ¿Pero cómo se atrevía a ir ahí?

Mi suegro se quedó de pie indeciso de acompañarlas. Finalmente prefirió quedarse conmigo.

—Se ha metido usted en serios problemas. Mucho me temo que va a tener la oportunidad de conocer la cárcel.

—¿De veras? —le contesté sin saber que el destino convertiría esa amenaza en profecía—. Pues aproveche para aprehenderme. Estoy urgido de verme entre barrotes.

—Todo vendrá a su tiempo.

—Tal vez a mí me encierren, pero usted se pudrirá en el infierno. Ha inyectado ponzoña a Shaden ocasionando que nuestro problema no se pueda arreglar.

La cara de mi suegro enrojeció. Quiso escupir muchas razones en mi contra, pero el enojo lo obligó a morderse la lengua. Finalmente fue a reunirse con su esposa e hija.

A los pocos minutos. Shaden se me acercó echando humo por los ojos.

—¿Qué le has dicho a mi papá, eh? Si tienes tanto coraje, ¿por qué no me hablas a mí?

—¿Fue a acusarme el señorito? ¡Pobre!

—Malvado, ¿por qué te has propuesto destruir mi vida? ¿Qué fue lo que te hice para merecer esto?

—Fuiste tú la de la idea del divorcio.

—¿Y qué querías? ¿Que estuviera soportando de por vida tu hermetismo y tu violencia? Además, eres muy bueno para exigir, ¿pero qué tal para ayudar? La vida junto a ti es un suplicio.

—Por si no te diste cuenta —contesté tratando de asirme a la última hebra de cordura—, mi hermetismo se debe a la carga de problemas. Trabajo excesivamente para darles a ti y a Daniel lo mejor. No puedes decir que dejé de cumplir con mi parte.

—¡Tu parte sólo gira alrededor del dinero! Pero ¿qué hay de la forma de tratarnos?

—¿Y cómo quieres que trate a una mujer que siempre está quejándose y poniendo a todos de mal humor?

—¿Para decir eso querías desayunar conmigo?

Bajé la cabeza e inhalé hondo... ¿Por qué no pudieron darse las cosas como lo tenía planeado?

El jovencillo estaba lejos hablando con una enfermera.

—No... Quería preguntarte sobre tus planes... ¿Piensas casarte con ese tipo?

Shaden me miró alzando las cejas y acto seguido echó una sonora carcajada.

—Eres tan idiota —logró decir entre risas—. Después de un matrimonio como el nuestro será muy difícil que me vuelva a dejar enganchar...

Me sentí ofendido.

—Ya veo —grité—. Andas con hombres pero no te interesa nada serio. Tienes vocación de prostituta —la tomé del brazo y la empujé—. Pues ve a ejercerla. Estás desperdiciando las mejores horas.

—Suéltame. ¡Eres un cobarde! La última vez que te dije lo mismo me golpeaste. Atrévete ahora que están aquí mis padres.

Los señores, que habían estado observando, al escuchar el último desafío se acercaron a nosotros.

—Ya basta —dijo mi suegro—. Nos encontramos en un hospital.

—Papá, hazme un favor... —le pidió su hija—. En el coche traigo un portafolios. Bájalo, necesito que firmemos de una vez por todas los convenios del divorcio. No soporto más la idea de estar casada con este monstruo.

—Yo voy —se ofreció la señora, aconsejándole al marido—: Tú quédate acompañando a Shaden.

El joven de lentes se unió a mi suegra para ir con ella.

Lo que ocurrió seguidamente me hizo comprobar otra vez lo

contradictorio de la femineidad. Shaden, en lugar de mantenerse en pie de guerra y llevar hasta sus últimas consecuencias el pleito que había iniciado, se desplomó en el sillón de la salita para visitas y comenzó a llorar de una forma desgarradora.

—¿Por qué? —decía entre gemidos con la cabeza baja—, ¿por qué?, ¿por qué...?

Me quedé pasmado ante la incongruente actitud. ¿Sus lamentos eran muestra de un alma desesperada que se dolía hasta las raíces por algo que estaba sucediendo y quería detener? ¿O simplemente quería llamar la atención? Al menos esto último lo estaba logrando muy bien, tanto que al verla así me sentí aplastado: ante una reacción tan dolorida, mi enojo se tornó en confusión. De hecho no fue sino hasta que presencié su llanto cuando calibré, además de mi enfado, la fuerza de mi afecto por ella. Sin embargo, para excluirme, dije:

—¡Qué manera de dramatizar!

Mi suegro se sentó a su lado y la abrazó. Ella escondió el rostro en el pecho de su protector emitiendo unos gemidos lacerantes que le partían el alma a cuanto médico, enfermera y visitante se hallara cerca.

—¿La señora se encuentra bien? —preguntó una doctora que pasaba por el corredor.

—Por supuesto —me apresuré a contestarle—, su deporte favorito es llamar la atención.

El padre de Shaden me fulminó con la mirada.

—Haga el favor de alejarse —ordenó.

—Estoy esperando a su esposa con el portafolios...

—¡Haga el favor de alejarse! —exigió con un grito que terminó en falsete, al punto que se ponía de pie para encararse conmigo.

Respiré hondo. No pude, aunque ganas no me faltaron, contestarle al viejo; pero lo que hubiera podido decirle estaba limitado por la natural distancia existente entre suegro y yerno. Me di cuenta de eso en cuanto quise atacarlo. Tal vez él podría agredirme físicamente, pero yo no lograría devolverle la misma agresión. Shaden levantó la cara y entre sollozos, con tono deplorable, me preguntó.

—¿Por qué, David? ¿Por qué no puedes ser capaz de respetar ni a mis padres? ¿No ves que ya nos has destruido a mí y a nuestro hijo? ¡No te entiendo! Eras un hombre bueno... y ahora... —siguió gimiendo descontrolada, como si se hallase ante la tumba de su ser más amado.

En ese instante apareció mi suegra acompañada del sujeto espigado. El entrometido llevaba el portafolios en la mano. Detrás de ellos caminaban dos policías.

La señora se aterró al ver a su esposo frente a mí enfurecido y a su hija llorando.

—¿Qué pasó? —chilló—, ¿otra vez le pegó?

El hombre la hizo a un lado sin contestar.

—Aléjese —volvió a repetirme el padre.

—¿Quiere que dejemos a la indefensa mujercita con su amante...? —le dije con sarcasmo, y volviéndome hacia Shaden, agregué—: Ya llegó por quien llorabas...

El apuesto joven se quitó los lentes nerviosamente y se los volvió a poner.

—Apréhendanlo —exigió mi suegra a los dos policías—. Es él.

Los custodios de la ley se acercaron a mí.

—Lo siento —dijo uno de ellos— pero tendrá que acompañarnos.

—¿Por qué?

—Hay una orden de arresto contra usted por rapto a un menor.

—¡Qué sorpresa! ¿Y dónde está ese menor? Además, ustedes no están facultados legalmente para aprehenderme...

—Sí lo están —intervino el cuatro ojos amante de Shaden—. Cualquier agente del orden público tiene la obligación de detenerlo y turnarlo a la autoridad competente.

Miré al tipo con desprecio. Ante mi suegro debía medirme, pero ante él no.

—De acuerdo —convine—, sólo permítanme hacer algo urgente antes de acompañarlos.

Me aproximé al jovenzuelo y con violencia le arranqué el portafolios. Los policías se pusieron alertas. Me senté en el sillón junto a mi esposa. El cierre izquierdo del cartapacio se abrió en cuanto accioné el botón, pero el derecho no. Tenía llave. Introduje la mano por el lado izquierdo y abrí el portafolios de un fuerte tirón rompiendo las bisagras. En el interior había un altero de papeles. Los revisé rápidamente para después arrojarlos al aire al comprobar que no me servían. Los presentes, inmóviles como estatuas, no se atrevieron a detener la lluvia de documentos. Al fin hallé la inconfundible carpeta del bufete jurídico y arrugué algunos impresos más, hasta que tuve en mis manos el convenio privado hecho para agilizar los trámites del divorcio. Tomé un plumón y firmé las tres hojas con una caligrafía enorme sobre el texto.

Shaden había dejado de llorar y me observaba asustada. Le lancé los pliegos a la cara y me puse de pie.

—¡Deténganlo ya! —ordenó el barbón.

Los policías se acercaron, pero yo salté para zafarme y di un golpe recto a la nariz del joven entrometido. Le rompí los lentes. Los cristales se le encajaron en su delicado rostro.

—Este loco me fracturó el tabique —chilló.

Tras lo cual levanté las manos indicándole a los guardias que cooperaría.

Antes de encerrarme me permitieron hacer la llamada telefónica usual. Hablé con mi jefa, Jeanette, y le pedí que me enviara al licenciado de la empresa.

Una infame depresión comenzó a invadirme.

A esas horas el dolor de cabeza producido por el whisky ingerido me estaba matando. Tenía dos años de no tomar una gota de alcohol. ¿Por qué volví a hacerlo? ¿Por qué no fui capaz de mantenerme firme en mi promesa de abstención? Es cierto que nunca había atravesado por conflictos personales tan enormes, pero también es cierto que en otra época de mi vida el vino había agravado todos mis problemas.

¡Maldita la hora en que se me ocurrió entrar a ese bar!

Yo estaba moralmente despedazado. Me sentía un gusano inmundo. Mientras calentaba la bebida en mi vaso mi hijo sufría un estatus… Desperdicié un tiempo precioso. Si hubiese estado con él, al ver que las convulsiones no cesaban lo habría llevado al hospital y no se hubiera asfixiado.

Me condujeron hasta un separo individual. Me dejé hacer como un muñeco.

El guardia abrió la pesada reja de hierro y me empujó al interior. La celda era pequeña y apestosa. No me importó. Merecía eso y más... De haber sido arrojado a un fango de mierda me hubiese hundido en él sin oponer resistencia.

Comencé a llorar.

"¡Cálmate", me dije, "¡el que hayas entrado a un bar no le produjo el problema a Daniel! ¡Lo mismo habría sucedido si hubieras estado en un parque deshojando margaritas!"

Mi verdadero error fue no insistir lo suficiente para localizar al doctor Rangel...

En realidad lo único malo de haber ingerido alcohol era que ello sería un terrible agravante para cualquier delito que me achacaran...

Pasaron varias horas, no puedo precisar cuántas, antes de que Jeanette llegara acompañada del abogado de la empresa.

Al acercarse, mi jefa percibió un tufo a moho y micciones antiguas. Para protegerse del hedor se tapó la nariz con la mano.

Me miró a través de los barrotes con una expresión compasiva.

—Te ves muy mal —dijo.

Me encogí de hombros.

El abogado tomó la palabra yendo directamente al grano.

—Se le acusa de varios delitos, entre otros de agresión física, sevicia, disturbio en lugares públicos, difamación, rapto de menores, embriaguez, negligencia en el trato de un enfermo... etcétera —hizo una breve pausa mientras revisaba sus apuntes—. Su situación legal es grave... Estamos tramitando la libertad bajo fianza, pero llevará tiempo. Tal vez mañana por la tarde logremos alguna solución... Si así fuese, habrá que pagar una buena suma. Espero que tenga ahorros.

—¿Se te ofrece algo? —preguntó Jeanette.

—Lápiz y papel.

—Haremos las gestiones para que se lo proporcionen —se adelantó el abogado...

—Oye... —le dije suplicante a mi jefa—. También me gustaría leer... ¿De casualidad no traes contigo tu carpeta de la nueva filosofía?

Me observó fijamente separando las manos de la nariz.

—No... —murmuró—, pero te la enviaré...

Las siguientes veinticuatro horas fueron lo más parecido al infierno... No tanto por el sufrimiento físico sino por el tormento mental de la culpa y el gigantesco dolor del alma.

El guardia de los separos provisionales me hizo llegar un viejo cuaderno con pocas hojas limpias, un bolígrafo y una copia de la carpeta de Jeanette.

Cuando el abogado me visitó por la tarde y me dijo la cantidad que debía pagarse por mi fianza, me fui de espaldas. Yo no tenía tanto dinero. Le pregunté si la empresa podría apoyarme. Por primera vez lo vi titubear. Finalmente se animó y me dijo:

—La empresa lo está apoyando con el respaldo legal, pero creo que es lo último que hará por usted. Esta mañana el Consejo Directivo dio órdenes para liquidarlo de la nómina.

Sentí sobre mí un chubasco de agua helada. Era de esperarse... Sin embargo, reaccioné de inmediato:

—Tal vez con el dinero de mi liquidación pueda pagarse la fianza.

—Tal vez... Mañana le informaré.

La segunda noche que pasé en la cárcel fue menos dolorosa.

Observé detalladamente las paredes del pestilente aposento. Había miles de inscripciones y dibujos soeces.

Después de todo, haber caído hasta el fondo de la humanidad, hasta donde ya no es posible bajar más, tenía una ventaja: la única dirección posible para continuar era hacia arriba.

De madrugada comencé a hojear la libreta de Jeanette. Encontré un capítulo titulado *"PELEAS CONSTRUCTIVAS"*.

Leí la introducción:

Una vida de armonía inmarcesible no es natural. Lo normal de los seres humanos que comparten intereses mutuos es que discutan de vez en cuando. Es mentira que en la sociedad sana siempre debe haber fraternidad y paz. La realidad es otra: ¡en la sociedad sana debe haber reglas para pelear! En el matrimonio sucede lo mismo. Para tener una verdadera integración conyugal no se puede ser idealista. Las relaciones perfectas, sin controversias ni disputas, sólo existen en los cuentos de hadas. ¡En toda familia lúcida los miembros deben saber que no están exentos de problemas y deberán, por lo tanto, prepararse con ciertas reglas a seguir para cuando los desacuerdos surjan!

¿De qué me servía ser un hombre de buenos sentimientos si cuando discutía echaba todo a perder? Debía aprender a pelear. En la cárcel no podía hacer nada por mi hijo pero sí por mí. La frase de Vallés se repetía en mi cabeza como disco rayado:

Solucione sus problemas. Eso es lo que más ayudará al pequeño. Entiéndalo: si no lo hace, tarde o temprano él volverá a encontrarse mal porque usted de nuevo lo descuidará.

Ocupé todo el tercer día de encierro para entender el concepto de "cómo pelear".

Hoy, muchos años después, me atrevo a decir que pocas cosas me ayudaron tanto…

9

CÓMO PELEAR CON TUS SERES QUERIDOS

Siempre que discutía con Shaden ocurrían cosas muy desagradables. Busqué el rincón menos asqueroso y me puse en cuclillas tratando de descifrar el porqué.

Afuera se escuchaban ruidos sordos, pasos lejanos, risas majaderas. Me pregunté cuánto tiempo más estaría ahí; iba a cumplir 72 horas de encierro, pero no me afligí. Por lo pronto tenía mucho que leer y reflexionar.

La libreta decía:

Cuando hay testigos de la disputa el ego crece, el orgullo se hincha, lo que se persigue no es la solución de un problema determinado sino demostrar ante los espectadores quién es más fuerte y dominante. La regla número uno para pelear es: SI EL PROBLEMA ES ENTRE TÚ Y YO LO ARREGLAREMOS TÚ Y YO, Y QUEDA PROHIBIDO HACER PARTÍCIPES A OTROS O DISCUTIR EN PRESENCIA DE OTROS.

Detuve la lectura. ¡Ese concepto era interesante!

¡Por eso cuando llamé a Shaden por teléfono estuvimos a punto de reconciliarnos, y en cambio en el hospital nos lastimamos a muerte!

—*¿Y tus padres?* —pregunté.
—*Ya se durmieron.*
—*¿Así que estamos solos?*

Su voz fue casi un susurro.
—Sí...
¡Era mi esposa!, la mujer de la que me enamoré hace algunos años. La misma muchacha melancólica, sensible, tierna...

Al comprenderlo me sentí como un torpe que ha buscado la llave de cierta encrucijada teniéndola frente a su propia nariz. Continué la lectura:

Estando a solas es mucho más fácil pedirse perdón mutuamente, sincerarse, verse a la cara y hablarse con el corazón. Dos personas que tuvieron la afinidad para unirse pueden allanar cualquier diferencia si están en intimidad.

Muy cierto: ¡el no haberlo estado complicó tanto la reciente riña!

—Se ha metido usted en serios problemas —dijo mi suegro—. Mucho me temo que va a tener la oportunidad de conocer la cárcel.
—Tal vez a mí me encierren, pero usted se pudrirá en el infierno.

El conflicto ya no era sólo entre mi esposa y yo.

—¿Qué le has dicho a mi papá, eh?

Y comenzamos a atacarnos mutuamente con la única intención de ganar, más que de llegar a algún acuerdo. ¡Y todo porque había gente observándonos...!

—Ya basta. Estamos en un hospital.
—Usted no se meta.
—Papá, hazme el favor: en el coche traigo un portafolios. Bájalo. Necesito que firmemos de una vez por todas los convenios del divorcio.

El altercado fue estúpido y llegó a extremos inusitados quizá por tanta gente implicada...

Mi entusiasmo disminuyó un poco al recordar que en la casa, cuando cometí la brutalidad de golpear a Shaden, Daan estaba dormido y nadie nos veía.

¡Un momento! Me puse de pie de un salto tratando de pescar la volátil idea como quien intenta atrapar un zancudo.

Los padres de ella también se hallaban ahí, ¡MENTALMEN-TE!

—*Mira, David. He hablado mucho con otras personas y todos están de acuerdo en que no puedo permitir que me sigas tratando así.*

—*¿Todos están de acuerdo? ¡Vaya! Y seguramente tu madre es la primera en estarlo. ¿Cuándo aprenderá esa señora a no meterse en lo que no le importa?*

Definitivamente la regla era contundente: **"SI EL PROBLE-MA ES ENTRE TÚ Y YO LO ARREGLAMOS TÚ Y YO, Y QUEDA PROHIBIDO HACER PARTÍCIPES A OTROS O DISCUTIR EN PRESENCIA DE OTROS".**

Volví a la libreta de Jeanette:

Al saber que hay un fisgón escuchando detrás de la puerta o, inclusive, que alguien (tal vez bien intencionado) nos preguntará al día siguiente cómo terminó la riña, no podremos quitarnos la máscara del orgullo. Un testigo físico o mental nos motivará, sin darnos cuenta, a tratar de mantener cierta imagen y eso bloqueará la sencillez y la humildad indispensables para llegar a un acuerdo con quien realmente importa...
*Algunos psicólogos aseguran que **los tres principales factores que causan la desintegración conyugal son el alcohol, la infidelidad y la intervención de los familiares políticos.***

Hice una pausa. ¿La intervención de los familiares...? ¿Con todo su amor y buenas intenciones? ¡Increíble!

Seguí leyendo:

Segunda regla para pelear: "**EL CARIÑO Y LA LEALTAD SON CONCEPTOS NO NEGOCIABLES, POR LO TANTO QUEDA TERMINANTEMENTE PROHIBIDO PROFERIR AMENAZAS TERMINALES**". *En toda relación humana que se pretenda duradera debe haber ALGO intocable, ALGO que no puede por ningún motivo entrar a la mesa de discusión: El cariño. La pareja podrá negociar cualquier cosa, pelear encarnizadamente por resolver las diferencias, pero siempre protegiendo bajo una campana de acero blindado el concepto de su amor; éste no se perjudicará con los resultados. Amenazas como "si no cambias me largo" o "te advierto que si no accedes nos divorciaremos" o "lo que dijiste acaba de matar mi cariño por ti", ocasionan que la discusión baladí se torne peligrosamente terminal.*

"¡Vaya!", me dije, "por lo visto mi esposa y yo infringimos todas las reglas."

—*¡Te advierto que si salgo por la puerta ahora, no me volverás a ver!*
—*Debo decirte que si las cosas no cambian, vas a perderlo todo...*
—*¿Estás amenazándome...?*
—*Sólo quiero hacerte saber que ya no estoy dispuesta a vivir con alguien que me ignora. Así que he comenzado a ver abogados...*

Me froté la cara contrariado. Muchas frases del zipizape habían estado cargadas de desafío. Aguanté la respiración unos segundos...

Shaden me amenazó con iniciar los trámites para el divorcio y cumplió. Yo la amenacé con largarme y llevarme a mi hijo y cumplí... ¿Y todo por qué? La pelea pudo haberse centrado sólo en que yo me comunicara mejor con ella y en que ella tuviera más cuidado con la administración de los medicamentos a Daan. ¡Eso hubiera sido suficiente!

Volví a la libreta y leí la tercera regla:

"QUEDA PROHIBIDO TENER ACTITUDES EXTREMAS. SI LA PERSONA PIERDE EL CONTROL, DEBERÁ ALEJARSE, PERO NUNCA REALIZAR ESCENAS QUE LA HAGAN POCO CONFIABLE PARA SIEMPRE."

Cuando a Einstein le preguntaron si existía algún arma para combatir la mortífera bomba atómica, él contestó que sí, que había una muy poderosa e infalible: la paz.

Todos los seres humanos poseemos un arsenal de alto calibre que por ningún motivo debe usarse con nuestros seres queridos. Esas armas son: gritar, golpear, insultar, romper cosas, maldecir, injuriar a los familiares del otro, azotar puertas, empujar, arrojar objetos, irse de la casa, emborracharse, cometer adulterio, etcétera.

Estos recursos hieren y hacen perder la visión de lo que se discute. Las partes se concentran en devolver sus lanzas con el único fin de lastimar al contrincante.

Las actitudes extremas son como un veneno que daña la relación para siempre, pues aunque después de la lid las personas se reconcilien, el familiar o amigo agredido con ese armamento pesado ya no podrá volver a tener la misma confianza en el otro ni podrá verlo, aunque quiera, con los mismos ojos de antes. Siempre existirá en él el temor de un desacuerdo futuro y la sospecha de que su compañero reaccione de la misma forma.

Sonreí tristemente. Esa lectura me demostraba lo estúpido, irreflexivo y fantoche que yo había sido siempre. En realidad nunca tuve razones asequibles para haber golpeado a Shaden, ni para romper el ventanal o las figurillas. Lo hice únicamente por el gusto de hacerle daño… en respuesta a ciertas frases que ella usó antes para hacerme daño a mí.

—*Eres un puerco. Como marido dejas mucho que desear.*
—*Cállate, infeliz.*
—*¡Nunca has madurado! Te crees muy listo, pero la verdad es que eres un cobarde que se escuda en el trabajo para…*

Volví a la libreta:

Cuarta regla: **"SE DEBE DISCUTIR UNA SOLA COSA A LA VEZ".** *Al enfadarse se pondrá sobre la mesa de combate solamente el asunto que haya causado la emoción negativa. Cuando no se sabe pelear es muy común comenzar reclamando un tema "A" y terminar disputando uno "Z" totalmente diferente, después de haber pasado por veintisiete inicios, todos ellos sin relación, unos hirientes, otros incoherentes, otros extremadamente añejos, pero todos esgrimidos para lesionar al contrincante con mil pamemas y hacerlo sentir culpable de cuanto malo pasa entre ellos. Una discusión así no tiene pies ni cabeza; el asunto inicial se complica y se deforma al grado que la pareja se siente furiosa y el pleito no tiene solución.*

Me fascinó la forma de describirlo: "Reclamar un asunto A y terminar disputando uno Z después de pasar por todo el alfabeto". Eso exactamente nos ocurría siempre a Shaden y a mí…

—*¿Qué le has dicho a mi papá?*
—*¿Fue a acusarme el señorito?*
—*Malvado, ¿por qué te has propuesto destruir mi vida?*
—*Fuiste tú la de la idea del divorcio.*
—*¿Querías que estuviera soportando de por vida tu hermetismo y tu violencia? Además, eres muy bueno para exigir, ¿pero qué tal para ayudar?*
—*Por si no te diste cuenta, mi hermetismo se debe a la carga de problemas.*
—*¡Te centras en el dinero!, pero ¿qué hay de la forma de tratarnos?*
—*¿Y cómo quieres que trate a una mujer que siempre está quejándose y poniendo a todos de mal humor?*
—*¿Para decir eso querías desayunar conmigo mañana?*
—*No, Quería preguntarte sobre tu amante… ¿Piensas casarte con él?*
—*Eres un idiota.*
—*Y tú una prostituta.*

"¿Cuál hubiera sido la solución a un altercado de tal jaez?", me pregunté. ¿Que yo le pidiera disculpas a su padre? ¿Que le prometiera no volver a ser violento? ¿Que ella rescindiera los trámites del divorcio? ¿Que le ofreciera ayudarla más en la casa y ser menos hermético? ¿Que me comprometiera a darle un mejor trato? ¿Que ella conviniera en cambiar su costumbre de estar siempre malhumorada? ¿Que me confesara de una vez si tenía un amante o no? ¿Que se disculpara por decirme metalizado e idiota? ¿Que yo me desdijera de haberla llamado prostituta? ¿Cómo íbamos a matar ese monstruo de mil cabezas que creamos en tres minutos? Quizá atinando cortarle su testa principal, pero ¿cuál era? ¡Imposible! El engendro moriría sólo después de hacerlo explotar por completo...

"¡Qué regla más importante!", murmuré para mí.

Seguí leyendo:

Al departir no deben traerse a colación asuntos que ya pasaron, que ya se discutieron y que no tiene ningún caso revivir. Hacer eso es como meter el dedo en heridas viejas. Para no caer en este error común, se plantea la quinta y última regla: **"PROHIBIDO QUEDARSE CON CUENTAS PENDIENTES; SI ALGO NO ES LO SUFICIENTEMENTE GRAVE PARA DISCUTIRSE EN EL MOMENTO, DEBERÁ TOLERARSE PARA SIEMPRE..."**

Hay mucha sabiduría en la actitud de algunos padres que no hacen pleitos terribles por que su hijo se peine o se vista un poco raro; o en la de esposas no fumadoras que permiten fumar a sus esposos; o en la del varón que deja trabajar a su consorte aunque prefiriese que se dedicara de lleno al hogar; o en la de las esposas que permiten a sus maridos invitar eventualmente amigos a cenar. Es sabiduría porque disciernen que obligar a cambiar a sus seres queridos en esas actitudes, necesarias de alguna forma para ellos, ameritaría un altísimo grado de coerción. Por supuesto, no se trata de ser manso o subyugado. Si el asunto es grave se debe hablar claro, pero si no lo es, basta con decirle al compañero lo que nos molesta y dejar bien establecido que por el amor que le tenemos estamos dispuestos a tolerarlo. Esa es la mejor estrategia para que un familiar cambie, la que se basa en la premisa de que aunque no cambie lo seguiremos amando. Al percibir eso él, a su vez, tarde o temprano también deseará darnos gusto.

Cerré la carpeta y me puse de pie. Era así de simple. Las actitudes de nuestros seres queridos deben colocarse en una balanza, poniendo de un lado cosas buenas y de otro las malas. Si las buenas ganan en peso por un alto margen, podremos perfectamente tolerar las malas.

Afuera las voces y los ruidos se habían apagado. Reinaba un silencio total sólo interrumpido por las infames goteras. Podían respirarse los aromas de frustración y soledad. Repentinamente escuché pasos lejanos que se acercaban. Un guardia uniformado llegó a mi celda. Inmediatamente introdujo su llave en la cerradura y abrió la puerta.

—¿David Arias? —preguntó con voz militarizada.

—Sí.

—Acompáñeme, por favor.

10

¿EXISTE LA PAREJA IDEAL?

Después de atravesar el pasillo llegamos a una salita alfombrada con un escritorio viejo. El abogado de la empresa me esperaba ahí.

—Le tengo una buena noticia —dijo en cuanto me paré enfrente de él—. Algunos de los ilícitos que cometió se perseguirán de oficio, pero otros, los más graves, no.

—¿Qué quiere decir?

—Me comuniqué con su esposa hace unas horas. Accedió a comer conmigo. Me sinceré con ella. Le planteé la gravedad de su situación legal. Pensé que no había nada que perder, y ya ve, su señora se mostró accesible. A todas luces pude percibir lo mucho que ha sufrido. Tal vez no lo crea, pero aceptó levantar los cargos en su contra...

Me quedé impávido, con los ojos muy abiertos. Dios mío... ¡Qué tremenda bofetada con guante blanco!

—Como era de esperarse, el monto de la fianza bajó automáticamente. El doctor Antonio Vallés me dio instrucciones de pagarla y me pidió que le dijera que mañana a primera hora debe usted presentarse en su oficina...

El abogado se puso de pie. Yo di las gracias y bajé la cabeza para no dejar ver mis lágrimas.

—Aún tendrá que esperar un rato en esta sala mientras termino de arreglar los papeles.

Cuando el licenciado salió y me quedé solo, puse el viejo cuaderno sobre la mesa y escribí. Lo hice con tanta fuerza que en algunas partes casi traspasé la hoja con la punta del bolígrafo:

A partir de hoy estoy decidido a hacerme una firme promesa. Ignoro lo que será de mí en el futuro, pero definitivamente no voy a darme el lujo de seguir destruyéndome.

Estoy hastiado de mí mismo, harto de tomarme las ofensas tan en serio. Todas las personas tienen sus puntos de vista y sus razones válidas para hacer lo que hacen. No debo molestarme si piensan diferente de mí.

De ahora en adelante me prometo que si alguien me agrede no me defenderé. He aprendido que EL QUE GANA UNA PELEA ES EL QUE SE NIEGA A PELEAR. Si me insultan, no voy a dejar que el insulto penetre mi corazón. Sólo yo tengo la llave para abrirlo. Voy a impedir que en él entre basura. Si todo lo que me dicen otros lo considero cierto y lo hago mío, volveré a caer en la trampa de perder el control.

Me prometo que la próxima vez que sienta ira lo primero que haré será buscar la soledad. Ahí arreglaré mis desavenencias y me presentaré ante el mundo cuando me sienta en paz con él.

Esto no es un juego. Es una promesa que, por el bien de mi vida y de mis seres queridos, no voy a permitirme romper.

Levanté la pluma de papel y observé el texto.

No se requería haber estudiado grafología para identificar en los rasgos firmes, grandes e inclinados, un estado de ánimo vehemente.

Sin querer recordé a Daniel.

¡De qué manera me remordía el no haberle dado paz en su corta vida! Desde muy pequeño me había escuchado gritar, exigir, maldecir. Reviví mentalmente la forma en que me observó cuando le describí su nacimiento. ¡Hasta entonces me di cuenta de lo sensible que era! ¿Cómo se encontraría ahora? No pude evitar angustiarme al rememorar la escena en que lo hallé tirado en el piso junto al tarro de crema hecho añicos...

Volví a tomar la pluma para escribirle.

Un texto de Livingston Larned llamado "Papá olvida"[10] se

---

[10] *Cartas a mi hijo*, Enrique Rambal, Livingston Larned, "Papá olvida".

instaló en mi pensamiento en cuanto comencé a escribir. Al redactar evoqué un día en que lo regañé injustamente y no tuve el valor de disculparme... Continué sin que me importara mezclar mis ideas con las de Larned y transcribí una nueva versión del poema en la misma hoja en la que había plasmado mi juramento.

Daniel:

Hace un par de años me diste una lección que apenas hoy he comprendido. Tuve que estar en la cárcel para captar la magnitud del mensaje que me enviaste.

Era una mañana como cualquier otra. Yo, como siempre, me hallaba de mal humor. Te regañé porque te estabas tardando demasiado en desayunar; te grité porque no parabas de jugar con los cubiertos y te reprendí porque masticabas con la boca abierta. Comenzaste a refunfuñar y entonces derramaste la leche sobre tu ropa. Furioso, te levanté de los cabellos y te empujé violentamente para que fueses a cambiarte de inmediato. Camino a la escuela no hablaste. Sentado en el asiento del coche llevabas la mirada perdida. Te despediste de mí tímidamente y yo sólo te advertí que no hicieras travesuras.

Por la tarde, cuando regresé a casa después de un día de mucho trabajo, te encontré jugando en el jardín. Llevabas puesto un pantalón nuevo y estabas sucio y mojado. Frente a tus amiguitos te dije que debías cuidar la ropa y los zapatos, que parecía no interesarte el sacrificio de tus padres para vestirte; te hice entrar a la casa para que cambiaras de ropas y mientras marchabas delante de mí te indiqué que caminaras erguido. Más tarde continuaste haciendo ruido y corriendo por toda la casa. A la hora de cenar arrojé la servilleta sobre la mesa y me puse de pie furioso porque tú no parabas de jugar. Dije que no soportaba más ese escándalo y subí a mi estudio.

Al poco rato mi ira comenzó a apagarse. Me di cuenta de que había exagerado mi postura y tuve el deseo de bajar a buscarte para darte una caricia, pero no pude: ¿cómo podía un padre, después de hacer su teatro de indignación, mostrarse sumiso y arrepentido?

Luego escuché unos leves golpecitos en la puerta.

—Adelante —dije, adivinando que eras tú.

Abriste muy despacio y te detuviste indeciso en el umbral de la habitación. Me volví con seriedad hacia ti.

—¿Ya te vas a dormir? ¿Vienes a despedirte?

No contestaste. Caminaste lentamente, con tus pequeños pasitos y, sin que me lo esperara, aceleraste tu andar para echarte en mis brazos cariñosamente. Te abracé y con un nudo en la garganta percibí la ligereza de tu delgado cuerpecito. Tus manitas rodearon fuertemente mi cuello y me diste un beso suave y dulce en la mejilla. Sentí que mi alma se quebrantaba.

—Hasta mañana, papito —me dijiste.

Me quedé helado en mi silla.

¿Qué es lo que estaba haciendo? ¿Por qué me desesperaba tan fácilmente? Me había acostumbrado a tratarte como a una persona adulta, a exigirte como si fueses igual a mí, y ciertamente no eras igual. Tú tenías una calidad humana de la que yo carecía; eras legítimo, puro, bueno y, sobre todo, sabías demostrar tu amor... ¿Por qué me costaba a mí tanto trabajo? ¿Por qué tenía el hábito de estar siempre enojado? ¿Qué es lo que me estaba ocurriendo? Yo también fui niño. ¿Cuándo fue que comencé a contaminarme?

Después de un rato entré a tu habitación y encendí la luz con sigilo. Dormías profundamente. Tu hermoso rostro estaba ruborizado, tu boca entreabierta, tu frente húmeda, tu aspecto indefenso como el de un bebé... Me incliné para rozar con mis labios tus mejillas, respiré tu aroma limpio y dulce. No pude contener la congoja y cerré los ojos. Una de mis lágrimas cayó en tu piel. No te inmutaste. Me puse de rodillas y te pedí perdón en silencio. Es tan difícil aprender a dominarse, a comprender la pureza de nuestros hijos. Somos los adultos quienes los hacemos temerosos, rencorosos, violentos... Te cubrí cuidadosamente con las cobijas y salí de la habitación.

Ahora llevo tres días encerrado, reflexionando en tantos errores cometidos.

Si Dios me da otra oportunidad y te permite vivir, algún día,

cuando leas esta carta, sabrás que tu padre no era perfecto.
Pero, sobre todo, ojalá te des cuenta de que, pese a todos sus
errores, te amaba más que a su vida misma.

Cuando llegaron por mí y salí a la recepción del Ministerio
Público me encontré al abogado acompañado de Jeanette Sandri.

Mi jefa me saludó sonriente y yo le extendí la mano avergonzado.

—¿Qué les parece si vamos a cenar? —nos preguntó.

—¿En estas fachas? —pregunté encogiéndome de hombros sin
acabar de recuperar la seguridad.

El abogado se disculpó:

—Yo tengo que retirarme, pero vayan ustedes. David lleva tres
días de dieta— y soltó una risita que me hizo enrojecer.

Seguí a Jeanette sin hablar hasta el estacionamiento. Mi jefa
subió a su auto deportivo y liberó el seguro de mi portezuela con
el botón eléctrico.

Observé el teléfono celular colocado en su compartimiento y
al cabo de un rato, venciendo mi cortedad, le pedí permiso para
hacer una llamada.

—Claro —respondió entregándome el aparato ella misma.

Marqué el número del hospital. Tan pronto me atendieron
pregunté por la salud de Daniel Arias.

—¿Quién habla? —contestó la señorita que atendió.

—Su papá.

—¿Podría darme su nombre completo?

Lo hice extrañado de tanto interrogatorio y sólo entonces ella
me confirmó lo que tanto temía: el niño seguía en estado de coma,
no había reportado ninguna mejoría.

Las pocas fuerzas que me quedaban se esfumaron.

—Sólo se autoriza la permanencia de un familiar con el enfermo —agregó sin que yo se lo pidiera— y su esposa dejó el recado de que, si usted hablaba, le dijéramos que no se molestara
en venir pues ella pasará aquí la noche.

—Muchas gracias.

Colgué.

—¿Ocurre algo malo? —preguntó Jeanette.

—Sí... —pero no di más explicaciones y ella tampoco insistió.

Casi al momento sonó el pequeño aparatito. Mi jefa lo tomó con la mano derecha mientras conducía el volante con la izquierda.

—¿Bueno? ¿Karen?

El corazón comenzó a latirme rápidamente.

—Ya —continuó Jeanette—. Vamos a cenar al "Del Huerto". Si quieres puedes llevarme el expediente allí. Si no, ténmelo listo mañana a primera hora.

Cuando la gerente terminó de hablar con su secretaria, explicó:

—Vallés me pidió que le rindiera un informe detallado de tu historial técnico y personal. Quiere hablar contigo, pero antes debo hacerle llegar tu expediente para que lo estudie.

—Me va a despedir, ¿verdad?

—Lo ignoro. Pero no hará nada que sea injusto.

—¿Lo conoces bien?

—Sí. Es mi padrino. Viví en su casa varios años. Aprendí a ver la vida como él la ve. Lo admiro mucho...

—Vaya... —contesté—. Si yo hubiese sabido eso hace unos días habría armado un lío pregonando favoritismo en la elección del gerente... Pero ya no. Sinceramente creo que eras la mejor candidata. Tenerte a ti al frente es como tener a Vallés mismo.

Me miró con agradecimiento.

—¿Y Karen preparó los papeles de mi historial?

—Sí. Tal vez los lleve al restaurante...

El mesero se acercó con su libreta. Jeanette ordenó primero. Le agradecí mentalmente que no pidiera sólo una ensaladita, como suelen hacerlo las damas esbeltas. Optó por un plato fuerte y eso me permitió a mí ordenar otro más fuerte aún, sin desentonar.

El joven recogió las cartas y se retiró.

Por unos minutos permanecimos en silencio. Ella no se animaba a entablar conversación pues desconocía si, dada mi evidente pesadumbre, yo prefería estar callado. Y realmente lo hubiera preferido. Sin embargo, me sentía halagado y, por qué no decirlo, sanamente embelesado con mi compañera por su inesperada camaradería, así que haciendo un esfuerzo le pregunté:

—¿Y tu esposo? ¿No le molesta que cenes sola con un compañero de trabajo?

—No. Me tiene mucha confianza. Él es pintor. Casi nunca sale. Hemos organizado nuestra vida de forma muy especial.

Le agradecí la confidencia y automáticamente compartí:

—No sé por qué el amor conyugal resulta tan complejo.

—¿Te parece?

—Sí... Lograr un buen matrimonio son palabras mayores.

—Tal vez tengas razón. Pero en tu caso las cosas van mal desde hace tiempo, ¿no es así?

—Hemos tenido etapas muy bellas —confesé—. La dificultad para gestar un hijo, los dos abortos y el embarazo de alto riesgo nos unieron tremendamente. Pero fueron cosas externas. Lo nuestro, supongo, se armó mal desde el principio. Ambos pudimos haber escogido compañeros más afines. Creo que eso también tiene mucho que ver para que el matrimonio sobreviva.

Jeanette me observó sin poder reprimir un claro mohín de desacuerdo. Traté de explicarme mejor y defenderme ante su evidente disconformidad.

—¿Qué haces cuando repentinamente te ves unido a alguien que no cumple con todas tus expectativas? —le pregunté. —¿Alguien que no es tu princesa o tu príncipe soñado? ¿Qué haces cuando, en una palabra, te has equivocado al elegir y te sientes solo aunque estés acompañado?

Negó con la cabeza y se inclinó hacia adelante para hablarme sin parpadear.

—Eso deben pensarlo los jóvenes que tienen oportunidad de escoger; pero ya casado, si crees eso, David, estás frito. ¡No, amigo! Te voy a decir algo que seguramente te va a incomodar, pero trata de oírlo y entenderlo: todos, al elegir pareja en primera instancia, nos equivocamos, algunos más que otros, por supuesto. Nadie se casa con su alma gemela porque, para que eso pudiese ocurrir, tendríamos que materializar esa imagen ideal de nosotros mismos que llevamos dentro y convertirla en humana. A veces nos enamoramos perdidamente de alguien y creemos que es nuestra pareja ideal. Pero realmente sólo estamos poniendo en él, o en ella, los atributos del sueño que hemos creado. Cuando conoces bien a esa persona te das cuenta de que no era… y ella también se da cuenta de que tú no eras… Ahora, quiero que tengas mucho cuidado con esto. Seguir basando tus juicios en el romanticismo pueril e idealista *cuando ya estás casado* es una terrible falta de madurez. Ver a tu pareja con molestia y darte de golpes porque te casaste con ella y no con otra es firmar tu sentencia de muerte. No se trata de QUIÉN está conviviendo con quién, sino de CÓMO lo están haciendo.

El mesero nos interrumpió colocando frente a nosotros las viandas. Me olvidé un poco de filosofías para comer de inmediato. Jeanette, aunque con menos diligencia, me imitó.

Cuando mi voracidad comenzó a disminuir transformándose en un apetito regular, cuestioné:

—¿Quieres decir que la "media naranja" o "el otro yo" no existe? ¿Que podemos aprender a querer, a la fuerza, a un ser humano incompatible, con simple cálculo racional? ¡No estoy de acuerdo!

—Lo siento —se encogió de hombros—. Tienes derecho a aferrarte a tus psicosis adolescentes, pero esa "cosa esplendorosa" que llaman amor, ese sentimiento de poetas que te hace necesitar imperativa y locamente a un "alma gemela" para vivir, esa sed de una belleza de porcelana que tu espíritu sensiblero y pasional persigue anhelante, efectivamente NO EXISTE… Compréndelo: ¡es mentira! —se detuvo para dar más contundencia a su afirmación. Por mi parte la escuchaba incrédulo, con los ojos muy abiertos—. Erich Fromm escribió: "El amor no es una víctima de mis emociones sin control sino un siervo de mi voluntad controlada". El amor real no es una teoría que pueda expresarse en baladas románticas, David. No se aprende con suspiros o poesías, porque el amor no es un simple sentimiento. EL AMOR ES UNA DECISIÓN. No sirve de nada proclamarlo con llantos enfermizos ni con vehementes "te amo…". EL AMOR VERDADERO ES ACCIÓN… La Biblia dice: "Que nuestro amor no sean sólo palabras; amémonos de verdad y demostrémoslo con hechos".[11]

---

[11] *Sagrada Biblia.* 1 de Juan 3, 18.

¡Cómo se parecían esos conceptos a los expresados por el señor Vallés cuando me explicó que en la vida sólo hay excusas o resultados! No cabía duda: ella era una buena ahijada. Y se veía claro que, de acuerdo con el adagio, la alumna comenzaba a superar al maestro...

—Si amas a tu pareja, a tus padres o a tus hijos —continuó mi jefa—, ¿por qué tienes una comunicación tan precaria con ellos? ¿Por qué les reprochas sus errores? ¿Por qué no eres capaz de perdonarlos? ¿Por qué hablas mal de ellos? ¿Por qué eres tan resentido y delicado...? Muchos románticos empedernidos podrán defenderse diciendo: "mis familiares tienen la culpa pues no corresponden a lo que yo algún día soñé que ellos deberían ser..." Qué estupidez e irresponsabilidad tan grande, ¿no te parece? Si así piensas, David, el que tiene la culpa eres tú... *Es falso que entre dos personas se pierda el sentimiento del amor; lo que se pierde realmente son las actitudes, los hechos, los detalles.* Años atrás nos enamoramos por los detalles tangibles, no por los suspiros. Si quieres que Cupido vuelva a flechar tu corazón, te vas a quedar fosilizado. Cupido es un monstruo mitológico. Los enajenantes efectos de un enamoramiento sólo se sienten frente a una persona desconocida, pero espera conocerla y ellos se esfumarán. Ser adolescente y creer en el príncipe o la princesa de tus sueños resulta hermoso, pero ser una persona casada y seguir creyéndolo es negligente, majadero y necio. En un matrimonio no basta con ser trovador y cantar elegías; hay que hacer crecer al verdadero amor de la única forma que éste puede crecer: con el servicio, ayudando a tu pareja en sus tareas, cuidándola cariñosa y afanosamente durante sus enfermedades, estando a su lado en los momentos de crisis, apoyándola en las buenas y en las malas, abrazándola en silencio cuando hay problemas...

Observé a Jeanette con admiración y respeto. Era innegable que ella era la autora de la "nueva filosofía" que adoptó la empresa.

Di un sorbo a mi bebida. Luego, asiendo el vaso con ambas manos, me quedé con la mirada perdida.

¡Vaya semanita de regaños y enmiendas!

Regresé la vista a mi plato y traté de seguir comiendo, pero repentinamente me di cuenta de que había perdido el apetito. Jugueteé con unos chícharos y no volví a levantar la cara hasta que el mesero me preguntó si podía retirar el servicio. Le dije que sí. Mi jefa había terminado su guisado y me miraba con ternura.

—Eres un gran hombre, David, y tu esposa lo sabe. No te des por vencido.

La presión era mucha y la soledad aplastante. Me contuve asintiendo y murmurando un "gracias" apenas audible.

—¡Hola! —interrumpió nuestra intimidad la suave e intelectual voz de Karen.

Automáticamente me puse de pie para saludarla. Jeanette se quedó en su lugar.

—Toma asiento —le acerqué una silla temblando—. ¿Quieres beber algo?

—No, muchas gracias. Si ya se iban, por mí no se detengan. Sólo vine a dejar este expediente.

—Gracias —le dijo su jefa.

—¿Y cómo salieron las cosas?

—La situación está bajo control.

Un signo de interrogación se dibujó en el rostro de Karen.

—Mi esposa levantó los cargos... —aclaré.

—Ah... ¿Y cómo sigue tu hijo?

—Mal.

—Mhhh... —cambió de tema—: ¿Vas a pasar la noche en el hospital?

—No. Iré mañana muy temprano. Voy a descansar al Hotel Imperial. Aún tengo mis cosas allí. De todos modos me van a cobrar el día.

—Muy bien —interrumpió Jeanette poniéndose de pie—, ¿nos vamos?

Mientras Karen se fue por su lado deseándome toda clase de parabienes, Jeanette me llevó al hotel. En el trayecto la vi seria, tal vez preocupada por las últimas preguntas de Karen. Las mujeres tienen un sexto sentido y quizá detectó en los ojos de su secretaria, o en los míos, algún chispazo de atracción.

—Te voy a dar un último consejo, David. Nunca más actúes impulsivamente. Ya ves lo que sucedió con el sacerdote en el hospital.

Di un salto en mi asiento.

—¿Cuál sacerdote?

—Al que le rompiste la nariz...

Si previo a ese momento no enrojecí al reconocer alguna de mis tantas arbitrariedades, lo hice entonces. El calor de la sangre me quemó las mejillas. Yo vi a ese joven delgado en una fotografía con mi esposa... ¿Quién iba a suponer que era...?

De inmediato recordé:

Usted sabe que en esta casa somos muy creyentes. Por varios días nos estará visitando un sacerdote para hablar con Daan hasta que vaya asimilando el divorcio de sus padres sin traumatismos...

Ese era el hombre que, a su manera, había estado tratando de ayudar a Daan. Quise hablar, pedir disculpas, regresar el tiempo, cambiarle mi tabique nasal por el suyo. Otra vez me sentí un guiñapo.

—Ánimo, David. Todo va a salir bien.

Asentí sin decir más. Su muy obvia actitud me desconcertaba y me avergonzaba. Sólo le faltó decirme: "No vayas a acostarte con Karen".

11

INFIDELIDAD

Estaba dándome una ducha cuando sonó el teléfono. Mi corazón comenzó a latir con nerviosismo. Casi podía adivinar quién era. Salí de la regadera y escurriendo me dirigí al aparato. No me equivoqué.

—Hola... —me saludó la inconfundible voz de Karen—. No quise que Jeanette sospechara nada, por eso fingí irme. Pero en realidad quería hablar contigo. Te vi muy mal...

—Gracias, Karen... ¿Dónde estás?

—En la recepción del hotel —pausa—. ¿Ya ibas a dormirte?

—No... Me estaba dando un baño.

—Si quieres te dejo descansar. Puedes llamarme cuando lo desees. De verdad no pretendo otra cosa que apoyarte...

—Sí... Quiero decir, no. No te vayas, por favor. Te necesito mucho... ¿Por qué no subes?

Se quedó muda. Pensé que me había excedido en mis pretensiones y corregí:

—Mejor dicho: en unos minutos te alcanzo ahí.

Terminé de secarme con cierto nerviosismo, pero cuando iba a ponerme la ropa me detuve.

"Qué estoy haciendo?", me dije. "Éstos han sido los días de más provecho que he tenido jamás. No puedo echarlos a perder sólo porque me siento ávido de calor humano."

Me acosté y traté de relajarme cerrando los ojos. Como a los diez minutos volvió a sonar el teléfono. No contesté.

Aún conservaba la vaga esperanza de poder rehacer mi familia y aunque el cuerpo apetecía fundirse en una aventura desesperada, la mente dictaba que provocarla era tanto como arrojar al vacío toda posibilidad de arreglo con mi esposa...

El aparato dejó de timbrar. ¿Y si Karen decidía irse? Me puse de pie rebelándome contra la idea... Necesitaba hablar con ella, explicarle que no podía cumplir la promesa que le hice pues, aunque me fascinaba la idea de entregarme desenfrenadamente a la sensualidad, aún amaba a mi esposa... Karen era una gran mujer. Estaba seguro de que lo entendería. La congoja me asfixiaba como si un gigante hubiese puesto su mano en mi pecho para aplastarme. No quería hacerle el amor, pero sí apoyarme en ella, platicarle, llorar...

Me encontraba en la cama desnudo, cavilando, cuando unos nudillos llamaron indecisos.

Me levanté. Fui a la puerta.

Miré a través del visor y vi el perfil de Karen ligeramente deformado por la convexidad del cristal.

Regresé al ropero y me eché encima la túnica de seda que me obsequió mi suegra la Navidad anterior; la amarré torpemente con las cintas y me puse las pantuflas.

Karen volvió a tocar.

Tomé el picaporte y, vacilante, lo apreté entre mis dedos.

—David, ¿estás bien?

Su voz sonó inocente como la de una niña.

Finalmente abrí y apareció frente a mí de cuerpo entero.

—Lo pensé mejor —me dijo— y decidí que tenías razón. Es preferible platicar a solas, en calma, sin testigos...

Karen era un verdadero peligro, no porque llevara el pelo recogido dejando al descubierto su hermoso cuello, no porque trajera puesto un vestido ceñido y provocativo, no porque me hubiera sugerido darme "la paz que me faltaba", sino porque era una mujer dulce, enamorada de mí, con cualidades que mi esposa no tenía...

—Pasa, por favor.

Avanzó deteniendo su bolsa al frente con las dos manos. Cerré la puerta muy lentamente.

Aunque estábamos solos en la habitación, yo cubierto únicamente por una bata delgada, la verdadera lucha no sería tanto contra el cuerpo sino contra el cariño que sentía por ella.

—David —se volvió hacia mí y se echó en mis brazos—: te quiero tanto...

La recibí con afecto, aunque casi de inmediato me separé para acercarle una silla.

—Podemos ordenar algo de tomar si deseas.

—No...

Caminó por el cuarto muy despacio, dejó caer sobre la cama su bolsa de mano, llegó a la mesita circular y me miró incitante, con una pierna en el suelo y la otra doblada sobre el mueble.

—Acércate, David. No te reprimas. Tú me necesitas tanto como yo a ti...

Tragué saliva y me quedé tieso observándola. Su invitación era inexorable. Evalué la situación y mis instintos se erizaron sin necesidad de más estímulos. Se trataba de una atracción verdaderamente poderosa que me gritaba: "Deja de pensar y disfruta lo que sientes..."

La suerte estaba echada y ambos sabíamos lo que tarde o temprano sucedería.

Al día siguiente le pregunté al señor Vallés:

—¿Anteriormente el adulterio era menos común?

—Sí. Practicarlo significaba caer en los detritus del mundo. Se consideraba un pecado sucio y vil. Ahora a las relaciones extramatrimoniales se les llama "aventuras amorosas", término atrayente y mágico que huele a emociones que no te puedes perder.

Antonio Vallés y yo estábamos hablando en tono amable. Me sentía como flotando en un sueño amargo. Mi espíritu se había rendido a la desdicha y el dolor había comenzado a matarme con su veneno lento.

—¿Entonces la infidelidad hoy en día es una práctica usual? —insistí como el colegial que trata de justificar su suspensión en el "mal de muchos".

—Sí. Es la segunda causa directa de divorcios, después del alcoholismo. Aunque debemos tratar de ir más allá. Esos son simplemente escapes. El meollo radica en la disposición de la pareja para pagar el precio de un buen matrimonio.

En su casa me había hablado ampliamente de ese precio. No insistí en ello. Ese día las preguntas que me quemaban eran otras.

—Ayer tuve una experiencia bastante peculiar... —y se la compartí sin especificar con quién—. Al principio, créame, no pensé que estuviese haciendo nada malo. En ciertos casos de desavenencia conyugal la infidelidad está justificada, ¿no le parece?

La mirada del señor Vallés era como un bálsamo de paz y sabiduría.

—Señor Arias: la infidelidad NUNCA está justificada.

—¿Ni en aquellos casos en los que se ha intentado inútilmente, por todos los medios, corregir la relación y una de las partes ha sido profundamente lastimada por su pareja?

—Ni en esos casos.

—Oiga —me exalté un poco— ¡usted no puede generalizar así! Tal vez se hayan perdido muchos valores, pero también se han logrado aplastar prejuicios y tabúes. Ahora hay pocos seres humanos dispuestos a convertirse en cónyuges mártires porque así lo indican las reglas de urbanidad. Hasta la misma Iglesia, en determinadas circunstancias, da dispensas que anulan el matrimonio. ¡Cuando el cónyuge original ha fallado de manera absoluta, uno tiene derecho a buscar la felicidad y plenitud en el amor de otra persona...!

—Estoy de acuerdo, pero fíjese muy bien que ya no estamos hablando de infidelidad sino de evaluar el problema para ponerle remedio; estamos hablando de decidir abiertamente sin engaños ni hipocresías, quizá separarse, poner tierra de por medio e iniciar una nueva etapa. La infidelidad no es una determinación franca: es una mentira, un engaño, una doble vida en la que se pretende satisfacer las necesidades de afecto fingiendo amor a dos personas al mismo tiempo, devaluando el nivel moral, destruyendo a la familia con la ponzoña de la deshonestidad... De hecho la infidelidad como concepto real no existe. Lo que existe son otras dos posturas muy distintas a las que debemos llamar por su nombre y dejar de barnizar con tópicos noveleros.

—¿Cuáles son esas dos posturas?

—La PROMISCUIDAD y la COBARDÍA. Ésas son en realidad las únicas causas y esencias reales del adulterio. No hay más.

¿Promiscuidad y cobardía? ¿Cuál de las dos tendencias me impulsó a seguir el juego la noche anterior?

Mi vista se perdió en los recuerdos.

—No quiero tener sexo contigo ahora, Karen... —me atreví a decir de forma súbita.

Ella no se inmutó. Caminó hacia mí.

—Shakespeare dijo que nada es bueno ni malo pues todo está en la mente. Domina tu mente, David. Deja de preocuparte por el pasado y por el futuro. Tú y yo estamos juntos. No desperdiciemos algo que hemos deseado por tanto tiempo.

Con gran lentitud acercó su rostro al mío y me dio un beso.

—Tienes razón —le dije.

—Sólo relájate. Olvídate de tus tensiones y respira tranquilo. Vale la pena. Vamos a disfrutar este momento...

Me senté sobre la cama tratando de no pensar. Karen, de pie, me abrazó por el cuello atrayéndome hacia ella, apretándome entre sus piernas. Puso sus manos sobre mis hombros y volvió a besarme. Luego las deslizó por el quimono de seda, introdujo sus dedos entre la tela y mi pecho y comenzó a acariciarme jadeando ligeramente. Por instinto la abracé y recorrí a mi vez su cuerpo con mis manos. La suave tela de su vestido se ceñía a sus curvas como si no existiera.

Mis movimientos eran torpes y nerviosos.

Karen, al verme tan lento y titubeante, se desabotonó el vestido; por el exterior seguí delineando su figura con las puntas de mis dedos, pero ella atrapó mi mano derecha y me hizo explorar el terreno por el interior.

—¿Cuál es la diferencia entre un promiscuo y un cobarde? ¿No tiene el adúltero, en última instancia, ambos defectos?

—Tal vez —me contestó el señor Vallés—, pero para definir mejor las ideas diremos que un promiscuo es un tipo inmoral, a quien no le importa tener innúmeras aventuras ni transmitirle a su pareja enfermedades venéreas; alguien que por su inmadurez califica a las mujeres como objetos de placer. La promiscuidad es muy común en los hombres ignorantes y viscerales. Pueden ser ricos o pobres, eso no importa; los distingue la degeneración de sus comentarios, sus chistes y tendencias. Gastan el dinero de su casa, ya sea poco o mucho, en vicios y sexo. Dicho sea de paso, esos sujetos son más útiles para sus familias dos metros bajo tierra que vivos.

Me sentí bien por poder descartarme a mí mismo de tal definición. Me gustaban las mujeres, mas no era promiscuo.

—En cambio el cobarde es alguien que tiene un problema pero no lo quiere enfrentar —continuó Vallés—. La infidelidad es para él como un escape, igual que para otra persona puede serlo el alcohol o los tranquilizantes. El cobarde se sumerge en su aventura sin darse cuenta de que está firmando cheques en blanco; mitiga de momento los síntomas de su fastidio conyugal buscando en otros brazos sentirse atractivo o estimado y, así, contribuye a disfrazar el verdadero problema, dejando que empeore. En lugar de encararse con toda sinceridad a su pareja, asumiendo los riesgos y aceptando de forma adulta el resultado de dicha confrontación, opta cobardemente por el adulterio de la misma forma que el avestruz esconde su cabeza para sentirse a salvo.[12]

¿Yo era promiscuo o cobarde? No había muchas opciones.

—Hace tiempo —continuó Vallés— escuché por casualidad a cierto consejero matrimonial hablando con un hombre casado que tenía relaciones sexuales con su secretaria. El sujeto confesaba sentirse terriblemente mal y no saber cómo salirse de esa situación. Le asombró mucho que el orientador le ofreciera tres alternativas simples, claras y concisas: UNA: dejar a su esposa, a lo que respondió que no quería hacer eso; DOS: dejar a su amante, a lo que contestó que le era imposible; y TRES: dejar a ambas y comenzar una nueva vida, a lo que dijo decepcionado: "No, usted no entiende".

El consejero se levantó de su silla y gritó como si quisiera que las palabras pudieran penetrar a través de la hermética coraza del

---

[12] J. Allan Peterson, *El matrimonio a prueba de infidelidad*, Editorial Unilit.

hombre: "¡Es usted el que no entiende! ¡Solamente tiene tres opciones! ¡Ni una más! Podemos pasarnos todo el día reflexionando en cómo su cochino pasado lo arrojó hasta donde está, pero usted sólo tiene tres opciones. Tarde o temprano deberá enfrentar la situación y si se demora mucho en decidir o si decide mal, su familia pagará el precio de su cobardía y usted se quedará solo, abrazando a una ilusión".[13]

Karen se adelantó para que el peso de su cuerpo me obligara a recostarme sobre la cama. No opuse resistencia.

A punto de perder el control, la suerte, quizá como último recurso antes del cataclismo, me permitió ver un trozo del pote de crema azul debajo de la cómoda.

¡Cuarenta y ocho horas antes había hallado a mi hijo inconsciente en esa misma habitación!

—No —la empujé poniéndome de pie—, no puedo.

—¿Pero por qué?

—Algo no está funcionando. Mi cuerpo te desea como un loco pero mi mente sabe que no está bien.

—Pero ¿por qué? No estamos haciendo nada malo. Tú ya eres un hombre divorciado.

No quería fijarme en los papeles firmados o en los procesos legales.

—Ya firmé, pero aún me considero un hombre casado.

—No seas ridículo... Ven, tengo mucho frío.

La contemplé con el vestido desabotonado. Era la tentación encarnada y lo peor de todo es que sentía una gran ternura por ella, algo muy cercano al amor, pero todavía no amor. Recientemente aprendí que el amor es una planta que crece según se riega y se abona. Lo que sentía por ella, en todo caso, era la SEMILLA del amor, y si tenía relaciones sexuales sería tanto como darle a esa semilla una fortísima dosis de fertilizante. Después de una entrega apasionada Karen ya no sería para mí la misma mujer ni yo para

---

[13] Anthony Campollo, *Es viernes, pero el domingo viene*, Editorial Vida.

ella el mismo hombre. Nos volveríamos amantes y, de allí en adelante, estaría íntimamente unido a ella, me gustara o no...

Me abrazó y comenzó a acariciarme desenfrenadamente. La disponibilidad de esa mujer era, para mi débil naturaleza masculina, simplemente imposible de rechazar; la calidez de su cuerpo se había metido en mi sangre y me quemaba. Respiré hondo tratando de controlarme, mas al instante me di cuenta de que no iba a lograr eso ni con yoga ni con meditación trascendental. Así que cambié el plan. Dejé que sus caricias continuaran, la ayudé a estimularme y me concentré con intenciones de alcanzar el clímax. Cuando éste llegó, ella se separó asombrada; supuestamente eso no tenía que ocurrir, pero yo lo propicié deliberadamente para truncar la aventura. En ese momento descubrí con sorpresa que la fórmula de sofocar el fuego extrayendo el oxígeno podía salvar a cualquier hombre de la calcinación sexual. Lejos de experimentar vergüenza por mi eyaculación egoísta, me sentí triunfante: había recuperado el control.

Me disculpé. Fui al baño a higienizarme.

Es verdad que "el uso deliberado de la facultad sexual fuera de las relaciones conyugales normales contradice su finalidad" y que "la masturbación es un acto intrínseca y gravemente desordenado",[14] pero también es cierto que los varones podemos cometer de **errores** a **errores** y que el recurso de provocarse un orgasmo usado por los adolescentes para desfogar sus pasiones contenidas en la etapa crítica[14 bis] puede servirles como *arma infalible* para regresarlos a la ecuanimidad antes de involucrarse en un episodio carnal comprometedor.

Cuando regresé al cuarto, totalmente libre de excitación, encontré a Karen despojada de su ropa. Ya no me provocó mayor

---

[14]   *Catecismo de la Iglesia católica.* P/2352.

[14 bis] Para entender, en esta referencia, el concepto de la masturbación abiertamente, es necesario revisar todo el artículo 2352 sin ignorar el último párrafo: "Para emitir un juicio acerca de la responsabilidad moral de los sujetos (que se masturban), ha de tenerse en cuenta su inmadurez afectiva, la fuerza de los hábitos contraídos, el estado de angustia y otros factores psíquicos o sociales que reducen e incluso anulan la culpabilidad moral".

impresión verla. Era simplemente una mujer desnuda. Se acercó para abrazarme, pero mis hormonas se habían echado a dormir. Casi de inmediato comprendí que había tenido mucha suerte. Probé la ruleta rusa y, por azar, la bala no me mató. Jugué a ser un poco infiel y gané, pero nada garantizaba que las cosas terminaran así si volvía a intentarlo...

—¿Qué te ocurre, mi amor? —preguntó consternada.

—Me siento enfermo. Física y mentalmente.

—Es natural que estés deprimido. Para eso he venido yo. Refúgiate en mí, no sigas sufriendo...

Sentí una gran ternura por ella: sin atracción química sólo quedaba la amistad.

Karen me jaló hacia la cama. Me resistí. El gesto seductor se tornó en forcejeo.

—Por favor... —me quejé tratando de liberarme.

—No te opongas, bribón —amenazó con dulzura—. Estoy comenzando a sentirme despreciada.

Se estrechó nuevamente. La recibí en mis brazos, la tomé por las mejillas y le di un beso suave.

—Karen, entiéndeme: no es desprecio... Mi honestidad es lo único a lo que podré asirme para vivir si mi hijo fallece y mi esposa se va.

—Pero si ya terminaste con ella —insistió.

—Casi...

—¿De veras crees que tu matrimonio tiene alguna solución?

Guardé silencio. En un principio la idea de que Shaden se hubiese acostado con otro hombre me enfermó; pero después, al saber que el tipo a quien le rompí la nariz era el pastor de la familia y no su amante, me sentí un estúpido que lo menos que podía hacer era defender su integridad.

¿Por qué los varones nos creemos con derecho a ser infieles? ¿Por qué nos gusta hacerla pero no que nos la hagan?

—Sí, tiene alguna solución... —contesté—. De no creerlo, en este momento estaría contigo dentro de las sábanas.

Karen se separó. Para ella la escena fue contradictoria y tétrica.

—No te entiendo —me dijo irguiendo el busto desnudo—. Estoy empezando a creer que eres un sádico pervertido. Tú provocaste todo esto.

Podía ser. La solución mágica que utilicé no fue sino sacar un clavo con otro clavo y es que, estando hembra y macho solos, el embrollo tenía que desembrollarse de alguna forma.

—Creo en los mensajes callados —continuó— y tú me enviaste muchos indicándome que deseabas mayor intimidad... Ahora que la tienes te acobardas... ¿Eres impotente o te gusta burlarte de las mujeres?

Estuve a punto de disculparme, de agacharme, de explotar ante tanta presión, de abrazarla continuando el juego hasta el final, ya no respondiendo al deseo erótico sino a la vergüenza de alguien que, aunque inerme y perdido, se negaba a dejar de ser un caballero.

Karen había comenzado a vestirse y a maldecir.

Me acerqué a ella e intenté tocarla, pero me rechazó.

—Eres un tonto —masculló—. ¿Por qué no lo detuviste antes?

—Es que en realidad te deseaba mucho... Eres una amiga a quien adoro, pero no estuve seguro de lo que tenía que hacer hasta que te vi conmigo.

—Tonto —repitió—. Tu misma esposa fue la que me platicó que firmaste los papeles. Ella no te quiere... entiéndelo... Te vas a quedar solo... Pero cuando eso suceda, evita llamarme.

Repentinamente mi zozobra se trocó en ira.

—¿Mi esposa te platicó? ¿Dónde la viste?

Terminó de vestirse.

—Te burlaste de ella y ahora de mí. Tendrás que pagarlo.

—Espera —le dije—, no quise ofenderte.

Pero salió muy digna sin molestarse en cerrar la puerta.

12

DESPIDIÉNDOSE DEL AYER

La vi alejarse por el pasillo del hotel zigzagueando, acomodando su bolsa en un hombro y luego en el otro...

Me quedé temblando. ¡Qué situación tan confusa!

¿No hubiera sido mejor hacer lo que Karen quería y quedar en paz en lugar de haberla agraviado así?

"No", me contesté de inmediato, "definitivamente el clavo que usé solo hará menos daño y entrará menos profundo que el que *juntos* dejamos de usar".

Karen carecía de armas para dañarme. Su único recurso podía ser la difamación, pero si nos hubiésemos convertido en amantes, la orquesta sonaría muy distinto: ella me tendría literalmente en sus manos; podría chantajearme, acusarme con la verdad (¿cómo se defiende uno de la verdad?) e incluso exigirme más cada vez sin que yo pudiera chistar...

En fin. ¿Hasta cuándo iba a dejar de meterme en líos?

Cerré la puerta y la aseguré interiormente con la cadena.

Encendí el televisor y durante casi una hora traté de distraerme cambiando los canales uno tras otro. Fue inútil.

Lo apagué desganado.

Iban a dar las once y media de la noche. Seguramente Shaden estaría todavía despierta. Marqué el número del hospital, pedí que me comunicaran al piso de terapia media y, cuando me atendieron, solicité hablar con la madre del pequeño Daniel Arias. Esta vez no me preguntaron quién llamaba, pero en cambio, después de decir "un momento", me tuvieron suspendido del aparato por casi diez minutos.

—¿Bueno? —contestó finalmente mi esposa con voz baja.

—Hola, Shaden.

Me reconoció de inmediato y se quedó muda. Tuve miedo de que colgara, así que me apresuré a decirle:

—Quiero darte las gracias por haber levantado los cargos.

Continuó en silencio.

—¿Estás ahí?

—Sí.

—¿Cómo sigue Daan?

—Igual...

—Shaden. Yo sé que no es coherente, pero hoy aprendí muchas cosas. ¿Podríamos hablar mañana?

—No —esta vez su voz sonó terriblemente segura—. Ya no tenemos nada de qué hablar. Simplemente déjame en paz.

—Pero...

—¡Grábatelo en tu cabeza de una vez por todas —me interrumpió—: Nuestro divorcio es i-rre-ver-si-ble!

Me quedé frío y sin aliento.

El tono intermitente de la línea telefónica siguió casi de inmediato a la última afirmación de Shaden.

Durante horas di vueltas en la cama sin lograr dormirme. Mi cuerpo estaba exhausto hasta el dolor, pero mi mente seguía trabajando, conjeturando, hilvanando ideas.

Encendí la luz y miré el reloj. Iban a dar las tres de la mañana.

Me puse de pie un poco mareado. "Distrayendo la sesera puede ser que pesque el sueño", me dije buscando a mi alrededor algo que leer.

¿Cómo se engaña al pensamiento cuando nos hallamos en el filo de una navaja enorme que hace las veces de frontera en nuestro destino? No podía permanecer sobre la aguda hoja porque en pocos minutos mi resistencia llegaría al límite y sería cortado en dos, como un limón; tampoco podía saltar hacia atrás porque el pasado me rechazaba abiertamente; y definitivamente no quería saltar hacia adelante porque el futuro me daba terror.

Una cosa resultaba clara: mi divorcio era i-rre-ver-si-ble.

Hallé mi copia de la carpeta de Jeanette y sin pensarlo dos veces me enfrasqué en ella esperanzado en que su lectura me ayudara no tanto a dormir cuanto a saltar de la mortal navaja.

En la celda me había familiarizado con la nueva filosofía. Estaba dividida en dos partes: la primera titulada: "Ayudando a mi empresa a crecer" y la segunda "Ayudándome a mí mismo". En el segundo sector de la carpeta los escritos eran menos técnicos. De ahí estudié el tema de cómo pelear. Incluso contenía una buena cantidad de fábulas, poemas y frases célebres.

Al hojear el material atrajo mi atención el capítulo titulado **"NADIE PUEDE AMARTE CON MÁSCARA"** y comencé a leerlo sin imaginar el impactante efecto que tendría en mí.

Cierta leyenda oriental cuenta que un dragón se hallaba solo, nadie lo quería, pues aunque era temido, admirado y respetado, todos guardaban su distancia con él. Un día, oprimido por la depresión, decidió convertirse en paloma para acercarse a la gente. Estaba jugando en la plaza con unos niños cuando de pronto sintió el dolor de una pedrada golpeando su frágil cuerpo. Tres rapaces lo persiguieron arrojándole objetos y pateándolo cuando le daban alcance. A punto de morir fue rescatado por una pareja que pasaba por ahí; ellos, tras dispersar a los pequeños pillos, lo tomaron en sus manos, lo llevaron a su casa, lo curaron, lo mimaron, y le dieron las mejores muestras de amistad y cariño. El ave sanó, pero el dragón escondido en ella supo que tenía que volver a su tierra solitaria en ese momento o nunca más podría hacerlo. Estuvo pensando y dilucidó: los dragones viven muy solos, no conocen el amor y eso los conduce con frecuencia a hacer tonterías; las palomas, en cambio, son vulnerables, se las hiere fácilmente, pero también son aptas para recibir afecto y caricias… De modo que decidió quedarse para siempre en su nueva condición.

Interrumpí la lectura sin acabar de entender. ¿Estaba comparando a los hombres herméticos y cerrados con basiliscos?

Seguí leyendo. Debajo del cuento había un texto del extraordinario filósofo y teólogo Carlos G. Vallés, S.J.:

Ser vulnerable es abrirse al amor.

Nadie puede amar a un monstruo gigante cubierto de escamas y de aspecto infernal. En cambio sí es posible querer a una paloma y, más aún, si está herida por la mano del hombre.

Ser vulnerable es ser humano.

Quien quiere protegerse con armaduras impenetrables se aísla. Puede ganar respeto, pero no amor.

Quien presume de ser indiferente, de que todo le da lo mismo, de que no le afectan alabanzas o rechazos, de que sabe vivir por su cuenta y está por encima de los demás, se quedará así, por encima, seco, estéril y lejos del contacto humano.

Saber que puedo ser herido me une a mi hermano, me hace más amigable. Al ser frágil declaro que necesito de otros. Ser vulnerable es dejarse querer.

Tal vez por eso Dios quiso voluntariamente venir a la Tierra a sufrir y a llorar con los hombres, a amar y dejarse amar por los hombres... [15]

Cerré la carpeta.

Todos mis problemas me alejaron de Dios. Comprendí que sólo ayudado por Él iba a poder saltar de la navaja... Quise hablarle, pero no pude. ¡Yo era, ni más ni menos, un dragón solitario y espantable!

¡Vaya que había sabiduría en el pasaje!

Había aparentado constantemente lo que no sentía y me había mostrado fuerte cuando deseaba llorar.

Era demasiado. No sabría dar un paso más así. Mordí el cojín y dejé que el llanto lastimero y desgarrador fluyera, drenando consigo toda la amargura contenida en el alma durante meses,

---

[15] Carlos G. Vallés, *Salió el sembrador,* Editorial Sal Terrae. (Cita textual.)

durante años quizá. Nadie me veía. Eso me permitió desahogarme de forma ingente. Mi llanto se volvió tan profuso a ratos que varias veces perdía la respiración.

La congoja comenzó a matizarse de angustia. Me atormentaba la idea de perder a mi hijo justo en el momento en que había aprendido a amarlo.

Me puse de pie y decidí vestirme para ir al hospital, aunque tuviera que permanecer en el sillón de la recepción esperando que amaneciera. Sentí que mi alma se partía en dos. Necesitaba saltar de la navaja pero *ya*... Hecho un mar de lágrimas me arrodillé y encorvé el tronco poniendo la frente sobre el piso.

—Dios mío... —invoqué entrecortadamente—: Ayúdame a reconstruir mi vida... No te lleves a mi hijo... Dame la fuerza de saber que al menos tú sí me amas... Creo en ti, sé que existes y me escuchas, he aprendido la lección.

Mi voz siguió fluyendo, mi mente orando. No puedo recordar cuánto dije en esa plegaria; sólo sé que mi oración se prolongó durante mucho tiempo. La tregua de Dios comenzó a percibirse en mi guerra interior. Los pensamientos se clarificaron y un deseo inerme de mutilar la parte de mí que seguía unida al pasado me hizo levantarme y caminar hacia la cómoda trastabillando.

Aunque mi divorcio fuese irreversible, la vida tenía que seguir. Tomé una pluma y comencé a escribirle a mi esposa *la última carta de despedida:*

> *Shaden:*
>
> *Hace tres días consumé el acto más terrible y doloroso de mi vida. Me siento un ser miserable, deshecho, acabado. Nunca me imaginé que firmar ese papel me causaría tal frustración...*
>
> *Estoy en la habitación de un hotel. Siempre creí que el divorcio me daría libertad y felicidad. ¡Qué equivocado estaba...!*
>
> *Tú y yo solíamos hacer huracanes en vasos de agua, discutíamos de manera enconada por detalles de poca importancia... ¿Por qué nos separamos? No lo sé. No existen razones verdaderamente fuertes, excepto que al pelear nos falta-*

mos al respeto, que enojados dijimos cosas imperdonables, que durante la riña hicimos todo por herirnos, que llegamos a extremos terribles, a gritos, agresiones, insultos.

No fue el motivo de las peleas lo que nos separó, sino las peleas mismas. Y las peleas surgían continuamente, de la nada.

Somos diferentes y eso causaba incomodidades al otro: tú reservada, yo sociable; tú impuntual, yo malhablado; tú abstemia exagerada, yo bebedor social; tú despilfarradora, yo tacaño; tú madre sobreprotectora, yo padre liberal; la lista podría ser interminable. Al divorciarme me deshice de todo aquello que califiqué como defectos tuyos; sin embargo, en la soledad de esta habitación oscura, han venido a mi mente muchas virtudes tuyas que también perdí al perderte. Sin querer he recordado la forma en que nos enamoramos, la belleza de nuestra identificación espontánea, la grandeza de nuestras promesas eternas, la primera vez que nuestros cuerpos se fundieron con desesperación y ternura, tu sufrimiento y mi angustia cuando nació nuestro hijo, tu modestia, tu sencillez...

Al poner en la balanza las cosas buenas y las malas me doy cuenta de por qué me siento un desdichado.

Por enfrascarnos en peleas tontas dejamos que esos años compartidos se perdieran.

Caramba... tengo bajo mi cargo un empleado que llega tarde, que ha robado, que ha hablado mal de mí y aún, con todo, lo tolero porque me saca adelante mucho trabajo, porque es muy eficiente en la cuestión técnica; lo conservo porque aunque tiene defectos, sus virtudes son difíciles de hallar y pesan mucho más... Tú también soportabas que la sirvienta fuese respondona, un poco abusiva y sucia y lo hacías porque sabías que si te ponías tan estricta con ella perderías todos sus enormes beneficios... Ambos usamos la balanza mental para aceptar a un empleado o una sirvienta. ¿Por qué no fuimos capaces de usarla entre nosotros?

Realmente nos amábamos. Éramos importantes el uno para el otro. ¿Cómo permitimos que cosas tan sencillas nos separaran?

Ahora que estoy lejos de ti me doy cuenta de que una parte de mí se quedó contigo... Escribo esta carta con el lamento de un miserable hundido; la escribo llorando profusamente como un niño que se ha perdido... Las lágrimas no me permiten continuar.

Dios mío... El día que rapté a Daniel me dijo: "mamá estaba muy extraña" y me imploró que ya no me peleara con ella; me preguntó cuándo regresaríamos todos a la casa... y yo no pude decirle la verdad, me quedé con el terrible nudo en la garganta y apenas balbuceé que volveríamos muy pronto... Adoro a mi hijo y no me gusta verlo sufrir... Él no tiene la culpa de la ineptitud de sus padres...

Sé que lo nuestro no tiene arreglo, y como despedida quiero decirle a la mujer de la cual me enamoré hace muchos años que a pesar de no poder reparar lo que rompimos, una zona de mi corazón sigue implorando tu presencia, algunas células de mi ser que se niegan a morir siguen clamando por ti y una parte de mi alma se quedó contigo para siempre...

13

SEXO CON TIEMPO

El repiqueteo del teléfono me despertó, aunque no violentamente. En mis sueños imaginaba la campana lejana de una escuela que llamaba incesantemente a clases. Los timbrazos se aproximaron poco a poco hasta que mi cerebro recibió la señal de que era el teléfono, de que me había quedado dormido recargado sobre la cómoda después de escribir la carta, de que mi hijo estaba en el hospital y de que quizá se trataba de una llamada de emergencia. Todo en un segundo.

Descolgué la bocina.

—David, ¿te encuentras bien?

—Sí —contesté aún semidormido—. ¿Quién habla?

—Jeanette Sandri.

—¿Pasa algo malo?

—No. Quizá lo contrario. Llamé al hospital hace unos minutos y me informaron que el niño, aunque sigue inconsciente, ha comenzado a dar muestras de sensibilidad. ¡Parece que puede oír!

Mis ojos se abrieron como platos y mi corazón comenzó a latir apresuradamente.

Miré el reloj. Iban a dar las diez de la mañana.

—Oye, ¿te puedo pedir un favor?

—Dime…

—Avísale al señor Vallés que iré a verlo más tarde.

—Ya lo hice. ¡Ah!, tu hijo está en la habitación nueve del séptimo piso.

—Gracias —y colgué sin decir nada más.

Inmediatamente me vestí y salí.

Entré al hospital corriendo y pasé como ráfaga por el recibidor sin solicitar información ni pedir permiso.

Choqué de frente con una enfermera. Tirarla al piso, ayudarla a levantarse, pedirle disculpas y seguir corriendo fueron sólo un acto.

Ni siquiera me molesté en oprimir el botón para llamar al elevador: fui directamente hacia las escaleras y subí los siete pisos sin reparar en la fatiga.

Jadeando, me detuve en el umbral del cuarto de Daan. Dentro estaban mi esposa, mis suegros y el neurólogo Marcos Rangel.

—¿Puedo pasar?

—Adelante —dijo el doctor.

El resto de los presentes me ignoró.

Shaden le hablaba al niño al oído; mi suegro le sobaba los pies y la señora le acariciaba la frente. Observé la escena sin decir nada.

Al cabo de unos minutos me aproximé a Shaden:

—Déjame intentarlo.

Se puso de pie y me cedió su lugar sin hacer ningún comentario.

—Daniel… Soy yo, tu papá, ¿me escuchas?

El médico percibió una ligera respuesta en el EEG permanente y me animó a seguir hablándole.

—Sé que me escuchas —continué— y no quiero que te angusties. Estamos a tu lado, no vamos a dejarte. Te queremos mucho, hijo… Relájate y siéntete tranquilo.

Seguidamente todos los presentes comenzamos a proferir frases cortas y deshilvanadas. Unos le urgían a despertar, otros le prometían viajes y juguetes. Su madre y yo le asegurábamos cariño… Hasta que el doctor Rangel detuvo la bulla haciéndonos señas con ambas manos: Daniel pareció reaccionar levantando la ceja izquierda como si tuviera un tic.

—¡Está tratando de decirnos algo! —profirió Shaden al borde de la histeria—. Doctor, por favor ayúdelo. ¡Está escuchando, está pensando!

—Tranquilícese, señora. Baje la voz.

Si eso era cierto, no debíamos transmitirle nuestra angustia. Y en verdad que nos invadió, a mí al menos, una sensación de impotencia y pánico. Estar encerrado en un cuerpo que se niega a obedecer, razoné profanamente, debe producir claustrofobia.

—Háblele usted, señor. Platique con él lo más que pueda —indicó el doctor Rangel discerniendo que fue mi voz la que lo había hecho reaccionar.

Le di la espalda a los presentes y me enfrenté a Daniel. Parecía dormido. Inspiraba y espiraba ayudado por un artilugio mecánico. De su cuero cabelludo, rodeado por una suerte de malla, salían los cables de los electrodos que, conectados a un aparato detrás de su cabeza, medían sus impulsos cerebrales en microvoltios. Traté de desaparecer de mi mente el tétrico escenario e imaginé que allí sólo estábamos él y yo.

—Daan —le dije—. Estoy muy contento por lo que platicamos en el campo de golf, ¿te acuerdas? Haberte relatado la forma en que naciste me hizo sentir más cerca de ti y también me ayudó a darme cuenta de que ya no eres un niño y que mereces que compartamos todo contigo…

En el recinto automáticamente se hizo el silencio. Parecía que los presentes se hubieran quedado congelados.

—Cuando la otra noche llegué a la habitación del hotel y te vi en el suelo —continué— me asusté mucho. Tal vez no recuerdes lo que te pasó. Quiero explicarte que fue sólo un ataque muy fuerte. En este momento estás volviendo de él. Sé que te está costando mucho trabajo, pero lo vas a lograr, tenlo por seguro. Dios está contigo. ¿Recuerdas lo que hablamos en el campo de golf? Tú eres una bendición. Naciste, aunque los médicos decían que eso iba a ser imposible. Y ante los malos augurios después de tu llegada, saliste adelante y creciste. Eres un chico muy fuerte.

La voz se me quebró un poco. En otra ocasión hubiese respirado hondo y apretado las mandíbulas para mantener la ecuanimidad, pero ya no me esforcé por eso.

Me acerqué más a Daan y me estreché con él.

—No se te olvide lo que te conté. Estabas muy grave, en una incubadora, conectado a sondas y dependiendo de colchones térmicos. Tu vida se hallaba en un hilo. Los doctores recomendaron que me resignara a perderte, pero no quise hacerles caso; le dije a Dios que no importaba si mi hijo estaba enfermo, le pedí llorando que, a cualquier precio, te permitiera vivir...

Mis lágrimas comenzaron a fluir, no las detuve. A su vez, la nostalgia comenzó a invadir toda la habitación. De cualquier manera, la presencia de los demás ya no me inhibía. Yo me sentía solo con Daan.

—Y cuando se lo pedí, hijito lindo, sentí su impotente presencia...

Hice una pausa para limpiarme un poco el rostro empapado, pero era inútil: mi llanto se había vuelto copioso. Cuando pude, continué entrecortadamente:

—...Sentí su infinito poder, su infinita bondad. En mi delirio imaginé que Él me veía y entonces no me importó que nadie en el mundo celebrara conmigo tu nacimiento.

Me separé unos instantes. El pequeño cuerpo seguía inmóvil, serio, respirando rítmicamente a través del fuelle de oxígeno.

—Ese día hice una oración —proseguí al reponerme un poco—, ¿la recuerdas? Te la dije en el campo de golf. Fue algo mágico. Mi vida cambió cuando la hice... ¿Qué te parece si la hacemos juntos hoy?

Le tomé una mano y se la apreté con fuerza.

—Tú no puedes hablar, pero sí puedes repetir estas palabras en tu mente. Hazlo, mi vida.

Me detuve. Mi suegro se acercó y puso su mano sobre la pierna de Daan. Mi suegra también se aproximó y tocó al niño en la otra pierna. Sólo Shaden se quedó inmóvil, detrás de mí, llorando.

—Dios mío... —proferí—, eres poderoso, sabio, bueno. Señor..., gracias por lo que está pasando. No lo entiendo pero tú sí. Desde la profundidad de esta bóveda te invoco para que me rescates. Soy el más pequeño de tus hijos, no te olvides de mí. Dame fuerza y valor, sana mi cuerpo. Yo sé que tú eres feliz con la alegría de tus hijos, sé que no te gusta el dolor. Sáname, Padre. Me entrego a ti sin condiciones. Toma mi vida, Señor... Y toma la vida de mis padres, te las entrego con todo mi amor. Son todo lo que tengo...

No pude seguir. El llanto me venció. Bajé la cabeza y abracé a mi hijo.

—Voy a pedirles —dijo por fin el especialista decano— que abandonen la habitación unos minutos. Realizaremos algunas pruebas para determinar la respuesta neuronal del enfermito antes de dar un diagnóstico y definir los pasos a seguir.

Todos obedecimos sin protestar.

Salí presuroso. Deseaba acudir a la cita con el presidente de mi empresa y regresar lo antes posible al hospital.

Llegué a las oficinas corporativas cerca de las dos de la tarde. Las pocas veces que las visité anteriormente fantaseé con la idea de tener algún día mi puesto ahí, pues en ellas se tomaban las más altas decisiones de las tres plantas productivas de la compañía. En esta ocasión mi estado de ánimo distaba mucho de ser entusiasta. Me sentía como el acusado que llega a la corte.

No tuve que hacer antesala. El señor Vallés me recibió casi de inmediato. Si su casa me sorprendió por la comodidad sin ostentación de lujos, su oficina me asombró por lo amplia e imponente.

El presidente corporativo me tendió la mano con firmeza. Su mirada era seria pero tranquila. En sus terrenos, el aspecto del hombre se tornaba admirable. Vestía un traje claro, impecable, y lucía su rostro límpido, como si apenas hubiese salido de la ducha.

Tomé asiento en el sillón para visitantes, frente al conservador escritorio de caoba.

—Bien —me dijo—, parece que las cosas en su vida se han complicado, ¿no es así?

Hice un movimiento de impotencia con la cabeza.

—Usted es un gerente. Tiene a su cargo muchos empleados. De alguna forma es observado por todos ellos.

Bajé la mirada. Era evidente hacia dónde se dirigía.

—Lo conducente —prosiguió— sería retirar el mal ejemplo sin más averiguaciones. De hecho, le confieso que fue la primera indicación que di, pero cambié de opinión. Quiero que usted mismo me explique lo ocurrido antes de hacer nada más.

—¿Desea que le informe sobre la situación legal?

—No. Quiero oír al hombre, al esposo, al padre de familia. ¿Cuáles son las dudas y convicciones *humanas* que hay detrás de nuestro gerente?

Suspiré. Yo sabía que en su carpeta negra debía tener mi expediente detallado. Tal vez el hombre sólo deseaba comprobar si mi actitud era al menos lo suficientemente honesta para decir la verdad... ¿Pero cuál era la verdad que él conocía? Había recibido un informe de Jeanette recopilado por... ¿Karen?... Dios mío... ¿Habría tenido Karen oportunidad de agregar algo al legajo durante la mañana?

Bien. Mi verdad era compleja y vergonzosa, pero era mi verdad. No tenía mejor arma para defenderme que mostrarme *sin máscaras*. El anciano propietario de la empresa decidiría con base en ello y, por supuesto, yo respetaría su decisión.

Le relaté lo ocurrido en el bar, cómo encontré a mi hijo tirado en el cuarto de hotel, la pelea en el hospital, cuánto aprendí en la cárcel, la plática con Jeanette en el restaurante y la tentación sexual tan enorme que enfrenté después. Al llegar a este punto me cuidé de ocultarle que la referida era Karen, aunque no descarté la posibilidad de que ya lo supiese.

El hombre me observó con gesto sencillo y duro a la vez. Me pidió más detalles del último episodio. Entonces la emoción me hizo perder ecuanimidad. Le conté abiertamente cómo herí a una buena amiga sin querer, cómo disminuyó mi respeto y admiración por ella cuando la vi disponible, ofreciéndoseme sin recato, y cómo el sentimiento de culpa me ayudó a mantener mi honestidad, a pesar de tener un divorcio en puerta.

—Es admirable lo que usted hizo —comentó.

—Sin embargo —dije tratando de darle un giro a la entrevista—, en algunas ocasiones la infidelidad en el matrimonio se justifica, ¿no cree?

Entonces comenzó a hablarme ampliamente al respecto. Mientras él me exponía sus conceptos sobre el adulterio, yo recordaba los detalles de mi aventura...

—¿Y la falta de sexo satisfactorio en el matrimonio —pregunté después— no ocasiona también infidelidad?

—Claro —su talante mostró reflexión—. ¿Cómo era su vida sexual con su esposa?

—Regular. Ella y yo nos habíamos alejado mucho... ¿Considera que eso contribuyó a nuestra discordia?

—Quizá. Una pareja que se alimenta no sufre desnutrición; en cambio los desnutridos decaen fácilmente.

—¿Está usted diciendo que el sexo es un alimento para los casados y que si no se toma la pareja enferma?

—Eso exactamente...

—Pero con los años el alimento sexual se va haciendo insípido.

—No necesariamente. Como ocurre con casi todos los alimentos, son buenos *según su preparación.* La comida es superior si se guisa con esmero, se sirve con atención y se saborea en la sobremesa —hizo una pausa para darme tiempo a traducir todas las analogías y concluyó firmemente—: El deseo sexual en el matrimonio se va apagando *en la medida en que se apaga el gusto por preparar el encuentro.*

No contesté a esa afirmación. ¿Me estaba diciendo que lo importante no era el acto sexual sino lo que ocurría antes y después de él?

—¿En qué momentos se siente usted más atraído sexualmente por su esposa? —preguntó el anciano.

—Cuando llego a la casa y la encuentro de buen humor —contesté de inmediato—; cuando está arreglada y vestida de la forma que me gusta; cuando la veo segura de sí misma, entusiasmada por algún trabajo que realizó; cuando tiene atenciones para conmigo; ah, y también cuando la descubro reflexionando, ensimismada en sus pensamientos.

—¿Ve la importancia de lo que ocurre antes? Y ella, ¿en qué casos supone que se debe sentir más atraída por usted? No debe creerse que por ser mujer está exenta de deseos sexuales.

Me encogí de hombros. Hipócritamente no quise contestar, aunque conocía bien la respuesta.

—Yo se lo diré —continuó—: una mujer anhela compartir el lecho con su pareja el día que la trató con respeto y cariño, la escuchó con paciencia, tal vez la invitó a salir, la ayudó a hacer sus compras, colaboró en arreglar la alacena, o quizá simplemente cuando le compró alguna nimiedad especial o, no sé, cuando tuvo algún gesto agradable para la gente que ella ama, como sus padres o hermanos.

—Todo eso —me defendí—, ¿no es ese romanticismo pueril del que hablábamos?

—El romanticismo está hecho de suspiros. El amor de hechos. La relación sexual como alimento sólo nutre si se cuece, rehoga y aderezar. El placer sexual en la pareja se consigue no con técnicas eróticas complicadas, sino dedicándole tiempo.

—Sin embargo —rebatí—, no todo es cuestión de preparación. De la misma forma, al momento del contacto sexual, algunas cosas fallan. ¿Cómo se supera ese obstáculo?

—También con tiempo, querido amigo. ¿Cuándo fue la última vez que invirtió cincuenta o sesenta minutos disfrutando a su esposa? ¿Cuándo fue la última vez que dejó que ella lo disfrutara a usted sin ninguna prisa? No estoy hablando de orgasmos. El clímax podrá venir o no, ¡es lo menos importante! Algunas estadísticas sexológicas declaran que las relaciones sexuales en la pareja casada duran, en promedio, once minutos. ¿Qué tipo de alimento podemos ingerir en once minutos? ¡Comida chatarra, ingredientes sintéticos...! ¡Eso es todo!

Me quedé pensativo. El promedio de duración entre Shaden y yo era menor que eso. Yo la instaba a concentrarse para que tuviera el orgasmo rápido y me enojaba con ella si se demoraba demasiado.

—El acoplamiento sexual tiene un precio y debe ser pagado —continuó Vallés usando su comparación favorita—. Si sólo se persigue el placer, habrá sexo pero no amor... Aprender a conocer a nuestra pareja y hacer lo que a ella le gusta significa trabajo. Algunas técnicas modernas de sexualidad comprobada[16] recomiendan cambiar de mentalidad respecto a la mecánica del acto. Si se está acostumbrado a realizarlo rápidamente, se sugiere jugar al juego de ir y no ir, continuar y detenerse, estimular sin

---

[16] Naura Hayden, *Cómo satisfacer a una mujer cada vez y hacer que ruegue por más*, Editorial Diana.

consumar, crear cosquilleos desesperantes y aplicarse abierta y decididamente a provocar un deseo creciente, hasta que la naturaleza de ambas partes amenace con explotar.

El señor Vallés se detuvo unos segundos. Era una forma interesante. Me imaginé a Shaden desnuda, quieta, expectante, mientras yo, sin mirar el reloj, permitía que mi vista, olfato, tacto, gusto y oído reconocieran cada milímetro de su ser, memorizaran cada sensación de su piel, disfrutaran cada centímetro de su cuerpo...

—Todo varón joven debería instruirse bien a este respecto antes de casarse, pues es común hacer de la desfloración de la esposa el acto más lamentable. La luna de miel no tiene por qué ser sinónimo de dolor, como si se tratara de una cruel novatada. La mujer virgen a la que el esposo le da su tiempo, la prepara, la hace desearlo, *aunque el acto no se consume sino varias noches después,* definitivamente se enamora del marido y se lo agradece de por vida.

—Pero no es lo común —interrumpí.

—El sexo es el mecanismo número uno que requiere de TIEMPO para funcionar sincronizadamente. No debemos dejarnos llevar por la sordidez y el egoísmo. Siempre será más cómodo para un varón alcanzar el placer rápidamente, sin preámbulo, usando el cuerpo de su esposa como un objeto estimulante y sin darle a ella el tiempo que merece. Tarde o temprano estas conductas infames perjudican la relación conyugal mucho más que las llamadas disfunciones sexuales.

—¿Pero entonces disfunciones tales como la eyaculación retardada o precoz, el vaginismo, la frigidez y otras no juegan un papel tan importante en los divorcios, como se piensa?

—Señor, David: existen terapias y terapeutas. Un problema de ese tipo, si se atiende, se soluciona. No hay más. Igual que una enfermedad infecciosa se soluciona si se atiende. Sólo se requiere que LOS DOS JUNTOS inviertan tiempo y esfuerzo. Uno sólo no puede arreglar un conflicto de dos...

Vallés había dado sencillamente en el blanco: **COOPERACIÓN MUTUA, DELICADEZA Y TIEMPO** habían faltado claramente entre Shaden y yo...

—Ponga usted su parte y las cosas comenzarán a componerse.

—Pero Shaden no puso su parte —protesté—, prefirió huir que quedarse a trabajar. "Inconformes que se quedan", ¿recuerda? Ella no se quedó.

—Querido amigo Arias: yo no puedo apoyarlo a usted en ese concepto. En la sociedad latinoamericana es raro que un matrimonio se deshaga sin que antes la mujer haya hecho todo por salvarlo. Cuando la esposa deserta casi siempre es porque no queda otra solución. Reconózcalo. Los hombres metidos en su trabajo, envueltos en un estilo autoritario y malhumorado suelen ser los causantes de la avalancha que después se les viene encima. ¿Cuándo entiende un alcohólico que le está haciendo daño a su familia? Muy fácil: ¡cuando se queda sin familia! ¿Cuándo un mal hombre valora a su pareja? ¡Cuando la pierde! Mire, amigo: lo que su esposa hizo estuvo muy bien… Usted ha tenido que pagar la colegiatura de un curso de superación personal y conyugal con dolor… Duro o no, somos mejores individuos después de haber tomado el curso… La vida nos hace estudiar carreras y después nos manda la factura…

—¿Además del "sexo con tiempo" existe algún otro ALIMENTO importante en el matrimonio? —Pregunté.

—Sí. Mark Twain dijo: cuando me hacen un cumplido tengo energía para vivir cuatro meses. Por cada comentario negativo que un padre profiere a un hijo debe darle cuatro positivos para mantener el equilibrio. En la pareja sucede lo mismo.[17] Felicitar al cónyuge, halagarlo, animarlo, escucharlo, son alimentos nutritivos e indispensables para la salud matrimonial.

Sonreí con agradecimiento. Era cierto que en la madrugada de ese día salté el filo de la navaja y me planté decidido en el futuro. Pero ahora Vallés me obligaba a voltear la cabeza, podía percibir que la mortal hoja cortante se había caído al suelo y no necesariamente se interponía entre mi pasado y yo.

—Usted tiene que estabilizar su vida otra vez —me dijo poniéndose de pie—. No será fácil, pero enfrente el reto con deci-

---

[17] Allan Peterson, *El matrimonio a prueba de infidelidad,* Editorial Unilit.

sión, con la cara en alto, tomado de la mano de Dios... Y por favor, preséntese a trabajar en cuanto lo haya logrado...

—¿Eso significa que no estoy despedido?

—Su puesto está esperándolo...

Le estreché fuertemente su mano.

—No sé lo que vaya a pasar en mi vida personal, pero una cosa sí sé: yo le devolveré a usted con creces todo el bien que me ha hecho.

Llegué al hospital con una idea fija en la mente. Antes de subir pasé por la base de enfermería y me detuve indeciso.

—¿Puedo servirle en algo? —preguntó la encargada en turno.

—No... gracias —comencé a retirarme, pero a los pocos pasos me detuve y me regresé titubeante.

—Pensándolo bien, sí... ¿Usted podría informarme si mi esposa o mi hijo recibieron alguna visita ayer por la noche?

—No se permite la entrada de ninguna persona ajena después de las diez —me informó la muchacha amablemente.

—¿Pero si alguien llegase y se anunciara en la recepción, ustedes llamarían al familiar del enfermo para que baje?

—Sólo si se trata de algo urgente.

—¿Y ayer nadie llegó a buscar a mi esposa con carácter de urgente?

—Yo no estuve de guardia a esa hora, pero permítame un momento... Si hubo algún recado para su esposa debe estar anotado aquí...

La señorita extrajo una pesada libreta verde que depositó sobre el mostrador y comenzó a hojearla. A los pocos segundos dijo:

—Aquí hay algo. Tiene usted razón. Su señora recibió una visita como a las once de la noche y una llamada telefónica a las once treinta.

—Yo llamé a las once treinta, pero ¿dice ahí quién la visitó antes?

—Aquí sólo escribieron la palabra "Karen".

14

LOS SUEGROS

—¿Todo está bien? —preguntó la joven al verme palidecer.

—Sí. Muchas gracias.

Caminé hacia el elevador para subir al séptimo piso.

¡Pero qué estúpido había sido! ¡Aproximadamente a las diez y media la secretaria de la gerencia general salió de mi hotel y por lo visto acudió directamente al hospital para desagraviarse. Tal vez esa era la razón por la que Shaden tardó tanto en contestarme a las once treinta, cuando la llamé: ¡estaba con Karen! Seguramente por ello la noté callada y taciturna antes de decirme que no la molestara más pues nuestro divorcio era irreversible.

Llegué a la habitación y encontré a mi esposa sentada junto a la cama del niño.

—Hola —la saludé.

Se volvió para mirarme y me sonrió con tristeza.

—Hola.

—¿No ha habido mejoría?

Negó con la cabeza. Sus párpados se llenaron de lágrimas. Apretó los labios con desesperación.

—Todo saldrá bien —caminé hacia ella y quise poner una mano sobre su hombro, pero me detuve.

Me senté a su lado. Era curioso: el semblante de Shaden delineaba un hálito de belleza sumamente raro cuando atravesaba por las peores crisis. Lo percibí en la antesala de cada uno de sus abortos necesarios; lo capté en el quirófano unos segundos después del nacimiento de nuestro hijo prematuro; lo advertía en esos momentos de angustia y terror. Su boca pequeña se sesgaba ligeramente contorneando una sonrisa invertida, sus ojos negros se teñían de un tono casi endrino y su expresión desamparada la bañaba de una luz *sui generis*. Era una mujer buena. Sus facciones duras, sin dejar de ser sutiles, la hacían parecer una dama respetable. A nadie se le hubiera ocurrido calificarla como mujer sensual; su forma de vestir conservadora no correspondía a los atuendos de las féminas pasionales, pero Shaden era sensual, y eso no lo sabía nadie más que yo.

—¿Por qué no vas a casa de tus padres y esta noche descansas? Cuidaré bien a Daan, te lo aseguro.

Movió la cabeza negativamente sin articular vocablo.

Suspiré. Era inútil. Entre ella y yo se había abierto una brecha infranqueable.

Salí de la habitación dejándola a solas con el pequeño que dormía.

Me dirigía lentamente a la salita de descanso y poco antes de llegar me detuve.

Mis suegros estaban ahí. El señor, de pie, en actitud reflexiva; la señora sentada en el silloncito, sin hablar.

Una mujer anhela compartir el lecho con su pareja el día que la trató con respeto y cariño, la escuchó, o simplemente cuando tuvo algún gesto amable para la gente que ella ama, como son sus padres o hermanos.

Al verlos solos, la voz de mi conciencia me increpó con encono: "¿Quieres a Shaden?", a lo que de inmediato contesté que sí. "Pues entonces entiende esto: ella jamás te perdonará si te sabe enemistado con sus padres; será injusto e incongruente, pero *las relaciones conyugales nunca podrán sanarse del todo cuando uno de los miembros de la pareja agravie o menosprecie a los familiares del otro.* Si pretendes pedir amnistía a tu esposa deberás bajar la cabeza, guardarte en la bolsa el maldito orgullo y pedírsela primero a sus padres."

Comencé a acercarme a ellos, pero otra vez me detuve.

Congeniar con los suegros es, sin duda, uno de los trabajos indispensables para la rehabilitación marital, pero también es uno de los más difíciles.

Reinicié mi andar. Entré a la sala sin decir nada y me senté en el sillón viejo y roído del rincón. Tomé una revista y comencé a hojearla. ¿"*Trabajo* indispensable para la rehabilitación conyugal" había dicho?

¿Sabe? Yo no le temo al trabajo. Si "tiempo y trabajo" son las palabras clave que permiten lograr todo en la vida, no hay excusas para fracasar...

Mis suegros estaban ahí...

Pasé con nerviosismo las hojas de la revista sin leer.

"Tal vez no es éste el momento adecuado para abordarlos", racionalicé. "Dentro de unos minutos alguien llegará a la sala y me quedaré a medias en el intento."

Miré el reloj. La manecilla del segundero se convirtió en un dedo acusador que me señalaba. "Puedes ocupar los próximos diez minutos en distraerte hojeando una revista o puedes enfrentar el reto de hablar con ellos y pedirles una disculpa por lo que hiciste. Si eliges la revista tendrás resultados cuando alguien te pregunte de qué trata y tendrás excusas cuando te preguntes respecto a la relación con tus suegros."

En la vida sólo hay excusas y resultados, y las excusas no valen.

El reloj seguía avanzando. Estaba dejando caer al vacío la mejor moneda. Me puse de pie y me aproximé.

—¿Me permiten hablar unos minutos con ustedes?

La señora levantó la cabeza abriendo mucho los ojos. El señor frunció el ceño a la expectativa. Hubo un silencio tenso.

—Sé que tienen muchas razones para estar molestos conmigo. No pretendo que se olviden de ellas. Si yo tuviera una hija como Shaden, casada con un patán como yo, también estaría molesto.

Los señores me miraban inexpresivos sin contestar nada.

—Aunque Shaden y yo nos separemos, y parece que así será, habrá algo que nos unirá por siempre a través de las distancias. Y ustedes, al estar, a su vez, unidos a ella, no podrán desvincularse totalmente de mí.

—¿A qué se refiere? —preguntó la señora.

—El mundo podrá destruirse, pero yo siempre seré el padre de ese niño y ustedes serán sus abuelos... Al menos podríamos ser amigos.

El señor iba a decir algo pero su esposa lo hizo callar.

—No le tenemos confianza, David. Usted es una persona muy impulsiva. Será mejor que aprenda a mantenerse alejado. Eso es todo.

—Yo tampoco me tengo mucha —sonreí con tristeza—, créanme... Pero *estoy intentando cambiar.*

Mis suegros se turbaron un poco, no hallaron argumentos contra eso. Al verlos entre la espada y la pared, rematé:

—Si no les nace darme la mano, no lo hagan por mí. Háganlo para brindar cierta paz a su hija.

Lo que yo creí que iba a darme el punto decisivo, echó todo a perder.

—Nuestra hija no desea que nos reconciliemos con usted —dijo el hombre.

—Eso es muy cierto —confirmó la señora—. Para ella sería tanto como aliarnos con su enemigo.

—No lo tomen así. A ella le gustaría...

—Por lo que se puede ver, usted está un poco chiflado.

Shaden escuchó discutir a sus padres y salió del cuarto con grandes pasos para aproximarse a nosotros. Cinco metros antes de llegar preguntó qué pasaba.

—Nada —me anticipé.

Sus padres la tranquilizaron con un gesto.

—Ya nos vamos, hija. Mañana vendremos a primera hora.

Alternadamente la tomaron por los hombros y la besaron en la cara.

—Que pases buenas noches.

—Ustedes también.

Antes de dar la vuelta y retirarse a la habitación del niño, Shaden me brindó una mirada francamente amenazadora.

Pasé la noche en el sillón viejo y roído del rincón, hojeando a ratos una revista, sin acostarme del todo ni cubrirme con cobijas.

Medio adormilado escuché voces, pasos y ruidos excesivos. Abrí un poco los párpados y miré el reloj: iban a dar las cuatro de la mañana. En el pasillo había enfermeras que corrían saliendo y entrando del cuarto de Daan. Me puse de pie de un salto.

—¿Qué pasa?

—El niño.

Entré a la habitación.

Shaden se había subido a la cama con Daniel y le hablaba. El recinto era un total desorden. Dos galenos que se hallaban de guardia habían acudido y combinaban sus opiniones con mandatos y providencias. Me abrí paso. Casi me fui de espaldas sintiendo un escalofrío fulminante. ¡Daniel estaba acostado con los ojos abiertos!

El doctor Rangel llegó en ese momento. Le informaron que el niño había vuelto en sí pero que su reacción era muy rara...

—No reconoce a nadie —dijo uno de ellos sin que nadie le preguntara.

Llegué frente a mi hijo. Shaden le comentaba cuánto lo amaba, le decía quién era ella... pero Daniel no daba señas de enterarse, sólo la miraba con las cejas fruncidas y un cierto rictus de temor. Junto a la cama me paré frente a él y le pregunté si me reconocía; su respuesta fue igualmente ambigua. Su sistema auditivo funcionaba, pero sus neuronas no parecían lograr relacionar ideas.

Llevé mi mano derecha hasta su cara y quise acariciarlo, pero se separó desconfiado. Al instante encaré a los médicos.

—¿Qué le está pasando? ¿Puede hablar? ¿Piensa?

Ninguno de los especialistas me contestó.

Volví a la cama y tomé al pequeño por los hombros con ambas manos.

—Somos tus padres. ¿No te acuerdas de nosotros?

—¡Por favor, hijo, haz un esfuerzo! —gimió Shaden.

Daniel, siempre silente, abría mucho los ojos y se acurrucaba con un esguince de pavor, cual cervatillo acorralado por humanos.

—Vamos a tranquilizarnos —indicó el doctor Rangel—. El niño requiere que sus padres le hablen y lo estimulen pero con mucha ecuanimidad, para no asustarlo.

Comenzamos a hacer lo que se nos pedía de diversas maneras y por bastante tiempo; sin embargo, la mente de Daan no lograba reconocernos ni su boca articular palabra alguna.

Fueron varias horas agobiantes. Shaden y yo nos deshicimos frente a él en cuentos y dramatizaciones. Daniel observaba a ratos y a ratos prefería cerrar los ojos para evadirse de escenas que a todas luces debían parecerle grotescas. Cerca de las ocho de la mañana volvió a quedarse profundamente dormido.

Estuvimos observándolo impotentes, sin decir palabra.

Yo no lograba comprender el complejo mecanismo de la naturaleza humana. Ese cuerpo era de Daan, ese cerebro le pertenecía, pero Daan mismo estaba extraviado dentro de un universo inexplorado, al que ni los científicos ni sus seres más cercanos teníamos acceso.

Caminé hacia afuera de la habitación.

Por fortuna en la salita de espera había un pequeño sanitario donde pude lavarme la cara y arreglarme el cabello; debo admitir que me deprimí más, si esto fuese posible, al contemplar en el espejo mi faz ojerosa y enjuta. "¡Cómo se deforma el aspecto humano con las penas!", me dije.

Ya sea porque habían sufrido una fuerte tensión en las últimas horas, ya sea porque sembré en su corazón la semilla de una posible tregua, mis suegros no cumplieron su promesa de presentarse temprano al día siguiente. En cambio recibimos la visita de alguien a quien no esperábamos: el señor Antonio Vallés.

Cuando salí del baño, en la salita se hallaban: Shaden, el doctor Rangel y el presidente corporativo de mi empresa. El anciano llegó justo en el momento más crítico, de modo que le tocó escuchar la explicación que nos dio el médico.

—El sistema nervioso central del niño funciona bien. Todos sus sentidos responden a los estímulos y parece hallarse sano, si no fuera porque la encefalitis desconectó algunas vías conductoras de la memoria a corto y largo plazo, provocándole amnesia profunda.

La noticia de su posible lesión sempiterna nos cayó como balde de agua helada, aunque, a todas luces, era preferible al estado vegetativo.

—Es como un bebé —nos informó el médico—. No recuerda nada. Ni siquiera las conexiones de símbolos orales. El problema parece tan severo que puede llegar a ser permanente. Si es así, habrá que volver a enseñarle todo… La rehabilitación de estos casos no resulta sencilla.

Nos comunicó que sería trasladado a una habitación ordinaria en el tercer piso y que estaría en observación veinticuatro horas más. Después de ese tiempo, sano o no, se le daría de alta.

Por mi parte no logré opinar nada cuando el médico explicaba sus conclusiones. La carrera que la vida me había hecho cursar era muy buena, pero la factura estaba llegando excesivamente cara…

Marcos Rangel se retiró. Mientras las enfermeras hacían los preparativos para el cambio de piso, Shaden, el señor Vallés y yo nos quedamos en la sala sentados, pensativos, cabizbajos…

—¿Ya conoces al dueño de la compañía en que trabajo? —le pregunté a Shaden.

—Se presentó hace unos minutos. Es un honor que nos acompañe, señor.

—Gracias —dijo Vallés—. Pero quiero hacer algo más que acompañarlos. Ayer, señora, platiqué con su esposo un largo rato. Él tuvo la confianza de compartirme todo lo que les ha sucedido en los últimos días.

Me puse alerta pues detecté en él una mirada agresiva.

—Tal vez —continuó— la confusión o la angustia no les permita arreglar otros problemas que parecen secundarios, pero vine a decirles que ayudar a un hijo es mucho más fácil si los padres están unidos. Existe una magia divina en el amor conyugal que allana los problemas y produce milagros…

Shaden levantó la vista asombrada.

Recordé con detalle las palabras del hombre poco antes de que sobreviniera el caos. No las comprendí tan bien sino hasta entonces:

—*Señor Arias, no cometa una tontería. ¿Quiere darle a su hijo el mejor regalo? Entonces ¡ame a su esposa! Cuando sienta deseos de solucionar los problemas del niño piense primero que debe solucionar los suyos propios. Eso es lo que más ayudará al pequeño. Entiéndalo. Arreglar los conflictos del niño no aliviará los de usted y tarde o temprano él volverá a encontrarse mal porque usted de nuevo lo descuidará. Ponga en orden sus prioridades.* **La base de la sociedad no es la familia sino la pareja. El matrimonio es el fundamento de la humanidad. Si los cónyuges siguen divorciándose, las familias seguirán desintegrándose y la sociedad pudriéndose...**

—¿Cómo van las cosas entre ustedes? —preguntó sin especificar a quién se dirigía.

Al ver, después de un rato, que ninguno decía nada, insistió:

—¿Por qué no pueden hablar como personas maduras y arreglar sus diferencias?

Me quedé helado por la falta de delicadeza del sujeto. ¡Vaya manera de poner el dedo en la llaga!

15

EL PERDÓN

—Ya no tenemos nada que arreglar —contestó mi esposa.

—Eso es mentira. Si dos personas que vivieron juntas no pueden darse la mano para, al menos, desearse buena suerte con sinceridad, significa que aún tienen cosas pendientes que arreglar.

Shaden enmudeció. Cuando yo estaba a punto de decir que no valía la pena continuar con eso, ella levantó la voz visiblemente airada:

—¿Y cómo quiere que arreglemos las cosas? David me ha herido mucho. Las heridas del alma no cicatrizan de inmediato.

—¿Y usted no lo ha herido a él?

—Tal vez. Pero no de la misma forma.

Aparentemente el pozo estaba seco y las posibilidades de hallar un nuevo venero eran casi nulas.

—Bien —declaró el anciano con energía—. Ambos formaron una familia hermosa que ahora está deshecha... Independientemente de la enfermedad del niño, ustedes la deshicieron. Los dos se han herido, están llenos de un natural resentimiento. Los dos sienten que sus vidas van a cambiar radicalmente y por supuesto le tienen miedo al futuro. Ante tan graves emociones compartidas, ¿no creen que valdría la pena hablar un poco al respecto?

—Pierde su tiempo, señor. David y yo jamás podremos volver a unirnos.

—Nadie dijo eso. No vine a hacer el papel de conciliador romántico. Ustedes son adultos y saben lo que hacen. A partir de aquí cada uno puede seguir su rumbo, pero lo importante es sufrir lo menos posible, enfrentar con serenidad el futuro y dejar de perjudicarse uno al otro.

Tomé asiento con lentitud, realmente interesado en el tema que se estaba tocando.

Shaden no podía ocultar su pena. Miraba a Vallés con los ojos brillantes por las lágrimas, como si el hombre fuese un salvador que pudiese sacarla del infierno.

—Los seres humanos nos dañamos unos a otros —continuó Vallés con decisión—. A diario hay muchas personas acusadas y sentenciadas injustamente, cientos de muchachas seducidas, miles de mujeres abandonadas, millones de hombres asaltados o golpeados; a nuestro alrededor pulula la sevicia, el abuso sexual, el chantaje, el fraude, la violencia familiar, el incesto y, lo más frecuente, la falta de consideración por parte de nuestros seres queridos. Cuando hemos sido afectados por algo así sobreviene en nosotros un odio natural, un deseo de tomar revancha y una terrible soledad. Nadie está exento de ser lastimado por otro ser humano; es más, me atrevería a decir que a todos nos seguirá ocurriendo y debemos desarrollar un mecanismo de defensa para no permitir que, por atropello de alguien, nuestra vida pierda sentido.

—¿Mecanismo de defensa? —cuestioné—. ¿A qué se refiere?

—Sólo alcanzan la plenitud de la vida quienes asimilan y practican el *perdón*. La única manera de extraer de nuestro cuerpo el veneno que nos inyectan otros es perdonando. Así como lo oyen. De nada sirven parapetos. La gente los va a herir a menos que se vuelvan ermitaños encapuchados. Perdonar es abrir la puerta que los sacará del recinto de la amargura. Corrijan el concepto en su cabeza, por favor. Al perdonar a la persona que me dañó, no le estoy haciendo un favor a ella, me lo estoy haciendo a mí mismo: cuando perdono sinceramente a mi agresor la paz me inunda, aunque mi agresor no se entere; de la misma forma, cuando lo odio, me invade la pesadumbre, aunque igualmente mi ofensor esté totalmente ajeno a lo que siento por él.

En ese instante recordé algo leído muchos años atrás referente a que cierto oficial del ejército americano que había estado en la Segunda Guerra Mundial se enteró de que uno de sus más queridos compañeros se hallaba enfermo y solo. El exitoso militar buscó la casa de su amigo. Entró a ella y reconoció a su viejo compañero en un sujeto pobre y acabado. Al poco rato de platicar, el hombre fuerte le preguntó al débil si ya había perdonado a los nazis, a lo que éste le respondió con una vehemencia inusitada: "No. De ninguna forma. Todavía los odio con toda el alma." "Entonces", le dijo su amigo, entristecido, "te tengo una mala noticia: si aún no los perdonas significa que ellos todavía te tienen prisionero."

—Es terapéutico aprender a perdonar —continuó Vallés hablando con volumen alto y rapidez efusiva—. Deténganse en esto: a perdonar se aprende; no es algo instintivo ni basta con decir "ya lo olvidé". A mí, en lo personal, me ha costado trabajo ejercitarlo. Les confieso que durante mucho tiempo estuve buscando la fórmula, leí cientos de libros y consulté a decenas de consejeros y guías espirituales. Ninguno de ellos me ayudó. Sabía que el perdón era la respuesta, pero no hallaba la manera práctica de llegar a él. Finalmente deduje una técnica de tres pasos. A mí me funcionó y desde entonces siempre la comparto con mis amigos. Por favor, pongan mucha atención. ¡Es importante! Para perdonar a alguien se requiere: *Número uno,* ENFRENTAR ABIERTAMENTE EL DOLOR por lo que nos hicieron. *Número dos,* EVALUAR LO QUE NOS CUESTA AQUELLO QUE PERDIMOS, *y número tres,* REGALAR MENTALMENTE LO QUE PERDIMOS. Para dar el primer paso dejemos de racionalizar diciendo "no ocurrió nada, a fin de cuantas no me afecta en lo absoluto la conducta del otro, algún día me las pagará, pero definitivamente yo estoy bien". Esa actitud es absurda. *ENFRENTAR ABIERTAMENTE EL DOLOR* es reconocer que estamos terriblemente heridos, que el proceder de aquél sí nos afectó, nos hizo daño, nos duele definitivamente… El segundo paso, *EVALUAR EXACTAMENTE LA PÉRDIDA,* significa calibrar lo que nos quitó, hacer un recuento real de lo que perdimos y reconocer el valor que eso tenía para nosotros.

Hizo una pausa con la intención de permitirnos ir punto por punto en nuestros razonamientos. Shaden, definitivamente atrapada por el tema, tenía la vista extraviada. ¿Qué fue lo que yo le quité a ella? ¿Seguridad, autorrespeto, alegría de vivir, la oportunidad de culminar su carrera, la tranquilidad de sus padres? ¿Qué fue lo que ella me quitó? ¿Mi familia? ¿Mi paz? ¿Mi hijo? ¿Cuánto nos dolía a cada uno la pérdida?

—El tercer paso —continuó Vallés— es el más difícil. Es el salto de la muerte, el punto culminante y definitivo. Sin el tercer paso los otros dos no sirven más que para reconocernos abiertamente como mártires. Con él, en cambio, la fórmula hace estallar el mal y nuestra vida se llena otra vez de energía positiva. Hemos reconocido el dolor y evaluado lo que perdimos. Ahora debemos *REGALARLE A NUESTRO AGRESOR AQUELLO QUE NOS QUITÓ,* pensar que decidimos obsequiárselo. No se lo merece, definitivamente, pero como de cualquier modo ya no lo tenemos, vamos a volvernos mentalmente su amigo, tratar de ponernos en sus zapatos, comprender sus razones, justificar sus impulsos y decirle con nuestro pensamiento: "Eso que me quitaste (ya sé perfectamente qué es y cuánto me duele haberlo perdido), quiero pensar que te lo regalo…" Este último paso es el verdadero perdón, es el giro definitivo, el último dígito de la combinación. Sin él no hay nada; con él, todo.

—Poniendo los pies en la tierra, ¿no sería más realista —pregunté—, una vez evaluado lo que perdimos, exigirle al agresor que nos lo devuelva, para DESPUÉS perdonarlo?

—¡De ninguna forma! La mayoría de la gente cree que el perdón debe ser así, pero es una reacción absurda. Si usted, por ejemplo, rompe un jarrón en mi casa, yo se lo cobro y cuando me lo paga le digo "lo perdono", en realidad no estoy perdonando sino haciéndome tonto y burlándome de usted. Al cobrarle el importe de un error estamos a mano; en cambio, si verdaderamente perdono, el ofensor ya no tiene que pagar.

—Ya entiendo. Sería ilógico decirle a un hombre que estuvo diez años en la cárcel, después de cumplir su condena: "Está usted perdonado".

Shaden me miró directamente por primera vez.

—Sin embargo —profirió ella—, no se le puede decir a un asesino "te perdono, sal a la calle y sigue haciendo fechorías". Las sanciones se imponen por algo.

Vallés captó a dónde mi esposa quería llegar y refutó:

—No sea tan literal, señora. Usted no es una dictaminadora de delitos. Es una mujer que sufre por la conducta de su esposo, ha valorado el costo, ha enfrentado el dolor y ahora se halla ante la disyuntiva de tener que regalarle ese costo.

—Pero no se lo merece —insistió.

El señor Vallés casi levantó la voz exasperado:

—*El perdón es un obsequio inmerecido. Igual que el verdadero amor. El amor real jamás podrá ser premio, el amor es un regalo. Los seres humanos superiores son capaces decirle a sus hijos y a su pareja: "Te amo, no como premio a tu conducta sino a pesar de tu conducta...". Nadie que condicione su cariño a alguien lo ama verdaderamente.*

Hubo un silencio tenso. En realidad eran ideas penetrantes e irrefutables; formaban parte de una forma distinta de ver la vida, de una mentalidad más elevada. Entonces comprendí por qué el señor Vallés era dueño de la empresa... Para llegar alto por la escalera *que no se derrumba* no basta con ser un manipulador metalizado; se precisa tener calidad humana. Miré a mi esposa, se veía un poco acabada pero definitivamente hermosa. Quise pedirle perdón, pero no se trataba de pedírselo, se trataba de que ella me lo diera voluntariamente y tal vez sin que yo me enterara.

—Voy a contarles un testimonio muy cercano que casi no sabe nadie fuera de mi familia —compartió el hombre bajando el volumen de su voz—. Solamente tengo un hermano. Es mayor que yo. Su matrimonio se deshizo hace algunos años, ¿saben por qué? Porque le fue infiel a su esposa. Mi hermano pasó por una crisis de emociones, pero finalmente se dio cuenta de su garrafal error y acudió a su mujer herida. Ella se había enterado del adulterio unas semanas antes y cuando él llegó arrepentido a solicitarle su perdón, ella ya había tomado una decisión. Le dijo a mi hermano que una infidelidad es algo que simple y llanamente no se puede perdonar, que por el bien de sus tres hijos iban a seguir viviendo juntos, pero que definitivamente las cosas ya no iban a poder volver a ser iguales. A partir de entonces ella le negó todo contacto íntimo, le hizo la vida imposible. Recuerdo con tristeza que en ciertas reuniones se burlaba de él, lo humillaba ante los demás y mi hermano sólo atinaba a bajar la cabeza. Cuando muchos años después sus tres hijos se casaron y ellos se quedaron solos, una noche en que mi cuñada se sintió sola y llena de nostalgia le dijo a mi hermano: "¿Te acuerdas de aquella infidelidad? ¡He decidido perdonarte!" Mi hermano soltó una carcajada y le contestó: "No, gracias, ya no puedes perdonarme; he sufrido vejaciones, malos tratos, burlas y desprecio por el error que cometí; yo lo acepté porque sabía que era mi merecido, pero ahora no puedes perdonarme ¡simplemente porque ya pagué mi culpa". Queridos amigos: *el perdón es un obsequio que se da cuando la persona acaba de cometer el error y que definitivamente es imposible dar después de que lo reparó.* Ustedes dos tienen mucho que perdonarse. Háganlo ahora, antes de que comiencen a cobrarse las cuentas pendientes, porque después ya no podrán hacerlo.

—Un momento —dijo mi esposa para evadirse de una orden tan directa—. Yo coincido con su cuñada en que una infidelidad es simplemente imperdonable. ¿Cómo se pasa por alto algo así?

Me quedé con la vista fija en Shaden. Era obvio que Karen no la visitó en la víspera para hablar de modas.

—Una infidelidad es traición en grado superlativo, pero digan lo que digan ustedes y los psicólogos, definitivamente sí se puede perdonar. Por supuesto la ciencia pondrá sus obstáculos, pero el ser humano puede desenvolverse en niveles muy superiores a los de la ciencia. Usted y su familia creen en Dios. Si realmente está tomada de la mano de Dios, Él la ayudará a perdonar lo imperdonable...

—¿Pero cómo?

—Señora, ¿recuerda lo que dijo Jesús cuando resucitó y se le apareció a Pedro? El seguidor en quien Él edificaría su Iglesia lo acababa de negar, lo acababa de traicionar; además de no tener el valor de defenderlo, le dio la espalda y aseguró no conocerlo. Jesús estaba en su justo derecho de recriminar al discípulo, avergonzarlo por su debilidad y pedirle cuentas por su cobardía. Cualquiera de nosotros hubiera hecho eso. ¿Qué le diría usted a un amigo que lo traicionó? ¿Qué sería lo natural? ¿Recuerda lo que le dijo Jesús a Pedro en esas circunstancias?

Mi esposa movió la cabeza negativamente.

—Le preguntó simplemente: *"¿Me amas?"* Qué cuestionamiento más extraño, ¿no les parece? Pedro contestó: *"Sí, Señor, tú sabes que te amo"; entonces Jesús le dijo: "Habíamos quedado en algo antes de tu traición, tal vez ahora las cosas deberían cambiar, pero* **SI AÚN ME AMAS,** *no cambiarán. Apacienta mis corderos".* Pedro se quedó pasmado por tal afirmación. Jesús, al verlo asustado, volvió a preguntar: *"¿Me amas? ¿Estás seguro?"* Hizo la pregunta tres veces, el mismo número de veces que Pedro lo negó. Diríase que para cada afrenta Él no tenía reclamación alguna. Sólo la pregunta *"¿Me amas?"*[18]

Nos miró en silencio. Impactada por el ejemplo, Shaden había bajado la cara.

—Todos podemos cometer errores. Algunos muy graves, es cierto, pero no por eso vamos a divorciarnos de todo aquel que cometa un error... El mensaje de Jesús es claro: *no debes burlarte ni encarnizarte contra el que ha fallado; decide cuál será tu conducta sólo después de preguntarle si aún te ama...*

Shaden lloraba en silencio. Yo tenía el ánimo resquebrajado, pero me hallaba ecuánime: tal vez había llorado demasiado en las últimas horas.

Antonio Vallés concluyó dándonos una recomendación llena de emotividad y fuerza:

—Antes de seguir sufriendo o decidir decirse adiós para siempre, señora, acérquese a su esposo y pregúntele: *"¿David, aún me amas?" Y si la respuesta es sí, dígale: "¡Entonces seguimos adelante. Si me amas, cuentas conmigo, estoy a tu lado, no te voy a dejar, somos amigos, te perdono...!"* David, haga usted lo mismo con ella. De verdad vale la pena intentarlo...

Me dejé vencer y a mi vez bajé la cara para ocultar las lágrimas. Había asimilado el concepto con mucho dolor.

En ese momento el jefe de piso salió del cuarto de Daan y se acercó para informarnos que todo estaba listo, que los camilleros iban a proceder a llevar al niño a su nueva habitación.

---

[18] *Sagrada Biblia.* Juan 21, 15-17.

Nos pusimos de pie.
Daniel no despertó cuando lo movieron.
Todos juntos bajamos por el elevador.

16

LA JERARQUÍA
DEL HOGAR

En cuanto acabaron de hacer el traslado del pequeño y lo dejamos apaciblemente dormido en su cama, le pregunté al señor Vallés:

—¿Cómo va Jeanette en su nuevo puesto?

—Sufriendo un poco. Le hace falta el apoyo de usted.

Entonces sentí como si una ráfaga me indicara el agujero al que podía acercarme para respirar aire fresco.

—Necesito pensar en todo lo que acaba de decirnos —comenté inhalando profundamente—. Voy a salir del hospital unas horas para ir a la empresa. Ayudaré a Jeanette en los pendientes más importantes y volveré dentro de un rato.

Vallés se encogió de hombros y dijo:

—No tiene que hacerlo.

—Lo sé, pero necesito una tregua.

—De acuerdo. Yo me quedaré unos minutos más con su esposa. Tal vez usted y yo nos veamos después.

Caminé al elevador como un robot. Lo llamé, entré a él, oprimí el botón, todo con movimientos burdos, atávicos, inadvertidos. Cuando llegué a la planta baja las puertas del ascensor se abrieron, pero no me bajé de él. Pulsé nuevamente el botón del tercer piso y regresé.

Fui al cuarto de Daan sin saber exactamente por qué. Me acerqué a la habitación por el corredor, pero un metro antes de llegar me detuve. La puerta estaba abierta, de modo que la conversación sostenida entre Antonio Vallés y mi esposa se escuchaba perfectamente. Por si alguien me observase, fingí mirar algo en la pared, como quien se detiene a contemplar una pintura inexistente dentro de una galería también ficticia.

—Sus conceptos son muy bellos —dijo ella—, pero chocan y contradicen cuanto he aprendido durante toda mi vida.

—Puede ser —respondió él—, mas nunca es tarde para desplazar estilos ineficientes y dañinos de pensar. El reto requiere aprovechar todas las oportunidades que se le presenten. Esta es una oportunidad excelente para luchar por el amor y aprender a perdonar. ¡Inténtelo!

—¡Es mucho más complejo de lo que usted cree! ¡No se trata sólo del amor, sino de todo un sistema de vida! Me molestaría regresar a él. Lo cierto es que me desagrada el papel de la mujer.

—¿A qué se refiere?

—Me asusta vislumbrar el futuro como una divorciada, pero volver al pasado de una ama de casa me enferma. Caer en lo mismo, como si todo esto no hubiera servido de nada, es una idea contra la que, discúlpeme usted, me rebelo abiertamente. A mí me toca hacer un trabajo arduo que no termina nunca. Ahora quisiera ser más libre y realizarme. La mujer es tan capaz como el hombre. Usted mismo ha preferido como gerente general de su empresa a una mujer. Quisiera recuperar a mi familia pero no bajo el mismo esquema. Las labores en la casa son agobiantes: apenas se termina de arreglar y ya hay que volver a empezar. Eso le quita el entusiasmo a cualquiera.

Me quedé helado al escuchar unas razones que desconocía. Jamás pensé que mi esposa estuviese luchando no sólo contra mi mal temperamento sino también contra su poco gratificante *modus vivendi*.

—Jeanette es un caso especial —contestó Vallés en voz baja, como dándose tiempo para discernir su respuesta—. Ella puede desempeñar el papel de ejecutiva por tiempo completo, y a veces más, porque su marido está imposibilitado para tener hijos; además es pintor y su trabajo requiere de total silencio y soledad. Eso la obliga a ella a organizarse de forma especial. Y vaya que lo hace bien... Con todo, es celosa de su casa y no ha evadido su responsabilidad natural de ser el eje de su pequeño hogar.

—De acuerdo. Yo no quisiera tampoco esclavizarme a una empresa, sólo superarme y ser más feliz.

—¡Pues hágalo!, pero sin olvidar sus prioridades —el anciano subió el volumen de su voz con determinación—. La familia debe ser número uno y eso no se puede discutir. Si su vida no tiene sentido es por culpa de usted, no de las labores domésticas. ¡Es correcto que busque progreso personal no sólo por su bien, sino por el bien de su mismo matrimonio! *La realización individual* es indispensable para que exista convergencia de pareja. Una de las principales causas de ruptura conyugal es esa: el varón sigue creciendo y la mujer se estanca hasta que llega el momento en que no tienen nada en común, nada que compartir, nada que preguntarse. La esposa puede ser capaz de lograr mayor plenitud si, primeramente, tiene una actitud positiva y emprendedora. Sentirse agobiada es sinónimo de inutilidad. Ser inútil no es hacer pocas cosas, sino hacer muchas con apatía y desgano.

"Fructificar está al alcance de cualquier ama de casa, buscando trabajo de jornada reducida, yendo a estudiar una carrera o especialidad en horario cómodo, practicando algún deporte, tomando clases especiales de aquello que le gusta y nunca tuvo tiempo de aprender, leyendo o dedicándose a cultivar alguna actividad artística o técnica de forma independiente.

—En ese orden de ideas podría decirse que la misión de la mujer en esta Tierra es secundaria, ¿no le parece?

—¿Secundaria? ¡Sólo si es muy tonta! Y puede ser; hay de todo en la viña del Señor. Con frecuencia se ve a mujeres histéricas encerradas en su casa con hijos histéricos que luchan por escapar de su madre. El reto de la mujer implica sobre todo formar nuevos seres humanos. Fíjese bien en esto: la herencia del hombre hacia sus hijos es primordialmente material; todo lo material se acaba, es efímero. La herencia de la mujer, en cambio, es espiritual, de conocimientos, de educación. Los hijos se quedarán con esta herencia toda la vida e incluso me atrevería a decir que se la llevarán consigo cuando se mueran. ¿Le parece una misión secundaria?

Shaden tardó en contestar. Su voz sonó ligeramente afligida.

—De acuerdo, me ha convencido... Pero educando a los niños y de paso realizándose un poquito, ¿quién cuidaría de la casa?

—Si se organiza puede arreglarla de manera eficaz y prontamente, o buscar una ayudante. Casi cualquier marido deseará brindarle a su esposa esa asistencia con tal de no verla a diario de mal humor. Ahora, supongamos que su marido es de los que no quieren cooperar; usted entonces deberá lograr que la actividad creativa que eligió le permita también obtener algunos ingresos para pagar, al menos, el sueldo de su ayudante doméstica; si no le queda más ganancia que esa, véalo así: usted simplemente cambió el trabajo que no le gustaba por otro que le agrada más. La mujer casada no debe sentirse esclava. Puede incluso ayudar mucho en la economía del hogar, pero por ningún motivo debe olvidar que el esposo sigue siendo el director general de la casa. La sociedad entera depende de que las mujeres entiendan esto: si se alteran confundidas y salen a las calles huyendo del hogar, las familias mermarán y una sociedad en la que no exista unión familiar es un caldo de cultivo para las peores alimañas humanas que se haya podido imaginar.

—¿Cómo está eso de que mi esposo es el director general de la casa? —objetó Shaden inmediatamente—. ¡No estoy de acuerdo, señor Vallés! Yo creo que tenemos el mismo grado. Nadie es jefe de nadie. El hogar debe ser una sociedad armónica de cooperación mutua.

—Claro, pero cada uno tiene su misión. El hombre no es más que la mujer, pero recuerde una regla básica de la administración: *Quien tiene mayor responsabilidad, tiene mayor autoridad.* En las familias en las que el hombre es un irresponsable, la mujer tendrá más autoridad, pero si él está realizando con valor y entrega su papel, es obligado darle su lugar. En una familia normal el hombre es responsable de todo cuanto pase en el seno de su hogar. Si existen dentro de una casa delitos graves o alteraciones que afecten a la sociedad, el padre puede ir a la cárcel, aunque no haya sido él el ejecutor directo de los ilícitos. Esto es porque se reconoce al varón como jefe de la familia con autoridad y responsabilidad suprema. ¡Por favor, señora, no haga pleitos por el poder ni dé órdenes cruzadas y contradictorias a los hijos! Para que un hogar funcione como es debido, empecemos por aceptar el orden natural del diseñador.

—¿El diseñador?

—Sí. Dios diseñó la familia conforme a una estructura. Le dijo a sus hijos que aceptaran responsablemente el precepto: *La cabeza de todo varón es Dios y la cabeza de la mujer, el varón.*[19] *Las casadas estén sujetas a sus maridos porque el marido es cabeza del hogar.*[20]

—¡Pero eso ya no se da! —protestó mi esposa con cierta ironía—. ¡La mayoría de los hombres son alérgicos a todo aquello que huela a Dios y no obedecen Sus preceptos!

—Quizá por culpa de las mujeres mismas. La Biblia dice muy claro: *"Las esposas acepten la autoridad de sus esposos para que los que no crean en el mensaje de amor se convenzan, no tanto por las palabras (gritos y ultimátums) sino por la conducta pura y respetuosa de sus esposas. Mujeres, que el adorno de ustedes no consista en cosas externas como peinados, salones de belleza, joyas de oro, vestidos lujosos, sino en lo íntimo de su corazón, en la belleza incorruptible de su espíritu suave y tranquilo".*[21]

Ya no escuché a Shaden responder airada. En el cuarto se hizo el silencio. Estuve tentado a entrar o desaparecer antes de que alguno de los dos, aprovechando la pausa, saliera y me descubriera fisgoneando. Pero a los pocos segundos escuché al señor Vallés continuar en un tono duro pero dulce a la vez.

—Shaden. Ya basta de altivez, basta de vanidad, basta de jactancia. *Usted no es la autoridad máxima de su casa, pero SÍ es la base en el bastidor en el cual se fijan los lienzos para que sus seres queridos puedan pintar obras maestras.* No se degrade con el libertinaje sexual. Su naturaleza vital la hace un ser diferente a su esposo, un ser esencialmente superior al que se le ha asignado

---

[19] *Sagrada Biblia,* Efesios 5, 23.

[20] *Sagrada Biblia,* 1 Corintios 11, 3.

[21] *Sagrada Biblia,* 1 Pedro 3, 14.

una tarea superior, no de mando ni de ataque, ni de líder guerrero, sino de amor. Los hombres no estamos capacitados para sentir como las mujeres, eso es cierto; no tenemos la fortaleza física ni mental para dar a luz, criar y educar a un hijo.[22] Se sabe que algunos animales hembras son capaces de dejarse comer por sus crías para que éstas no mueran de hambre, algo que un macho no haría ni de broma. En este mismo momento, si los médicos le dijeran que alguien debe dar su vida a cambio de que Daniel sane completamente, tal vez su esposo lo dudaría, pero usted no. La mujer está hecha de otro material, con otras cualidades que la hacen ser *el centro vital de la humanidad,* aunque casi nunca se le dé el crédito que merece. Mas no se moleste ni se ponga en pie de guerra por ello. ¿Ha caminado por un bosque en medio de enormes árboles? Seguramente cuando lo hizo no se le ocurrió exclamar: "¡Qué hermosas y fuertes son las raíces de estos árboles!", ¿o sí? De la misma forma cuando visita el centro de alguna metrópolis y observa los rascacielos, ni a usted ni a sus acompañantes se les antoja decir: "¡Qué fabulosos cimientos se han construido aquí!" Todos elogian el árbol, la flor, el edificio, no lo que lo sostiene y le da fuerza.[23] ¿Es injusto? Tal vez, pero es así. La esposa constituye, ni más ni menos, los cimientos de su marido e hijos. Usted es la energía que mantiene en pie a su hogar, es la savia que nutre a cada uno de sus miembros; si renuncia, el obelisco se viene abajo. Ellos la necesitan enormemente, aunque no se lo digan. La mujer es el tesoro más grande de la tierra, vale mucho, pero no quejándose de su mala suerte, no llorando por la ingratitud de los hombres, no encerrada gimoteando y profiriendo maldiciones. Su naturaleza es poderosa, en realidad es el sexo fuerte, es el factor de cambio positivo, es la reserva de amor, la fuente motriz. Si la mujer se derrumba se acaba la moral, la paz, los valores. Es cierto que con su enorme capacidad ustedes podrían desempeñar cualquier trabajo, igual o incluso mejor que los varones; algunas que

---

[22] Carlos Cuauhtémoc Sánchez, *Juventud en éxtasis,* Ediciones Selectas Diamante.

[23] Salvador Gómez, *Predicaciones Shema.*

no tienen el apoyo de un marido lo hacen y muy bien, pero muchas que sí lo tienen pretenden subvertir los papeles sin razones ni necesidad. En realidad los hombres podemos hacer muchas cosas, ir de un lado a otro, trabajar, sudar, emprender negocios, pero siempre y cuando, en lo más hondo de nuestro ser, sepamos que alguien nos está esperando en casa... Shaden: levántese, reorganice su vida. Poner a su esposo en el filo de una navaja para hacerlo reflexionar y valorarla fue una idea muy inteligente, la felicito por ello. Pero ya logró su cometido. No siga con esto porque la estrategia puede volverse contra usted. Dios está tomando de la mano a las mujeres que saben darse a respetar, pero que no abandonan el campo de batalla, que se valoran a sí mismas pero perdonan aunque no haya razones para perdonar, que se saben poderosas, pero con todo y eso se mantienen fieles a sus parejas. Dios tiene un lugar pri-vilegiado para las mujeres que no desisten, que han sabido cum-plir la misión de ser el sustento de esa casa. Ánimo, señora Arias, inconfórmese, luche por un futuro mejor. Hasta ahora lo ha hecho bien, pero no se confunda ni se desplome. Su misión va mucho más allá de lo que se ha podido imaginar jamás...

En el cuarto nadie habló. Ya no me sentí nervioso por la posibilidad de que me sorprendieran espiando. Ensimismado, evaluaba la gran responsabilidad que tenemos los esposos de animar y ayudar a la mujer en su importantísima y poco gratificante misión.

Pensé en el señor Vallés. ¿Por qué estaba haciendo todo eso para ayudarnos? ¿Cuál era la razón real? Sus empeños ya no me parecían producto de una obra altruista. ¿Qué intereses lo estaban moviendo?

Cuando más absorto me hallaba en mis cavilaciones aparecieron al fondo del pasillo los padres de Shaden caminando hacia mí. ¡Los padres de Shaden! ¡Dios mío! No supe qué hacer. Contemplé extasiado la pintura fícticia, pero ésta se desvaneció. Quise entrar a la habitación, pero hubiera sido delatarme abiertamente. Intenté caminar hacia ellos, pero se hubiese visto falso. Ante tan embarazosa situación me limité a sonreír como un idiota. La pareja se aproximó observándome con suspicacia. Detrás de mis suegros venía el joven delgado a quien le fracturé el tabique nasal... Mi rostro debió azorarse más al descubrirlo, no tanto por haberlo agredido físicamente, ni por haberme sospechado cornudo gracias a él, sino por verlo, por primera vez, vestido con su sotana negra...

—Queremos presentarle —comentó mi suegra en cuanto llegaron frente a mí— al padre Lucano, el sacerdote de nuestra parroquia... Aunque —sonrió—, creo que ya se conocen.

—Padre... —le dije haciendo un gesto de arrepentimiento—, yo no sabía que usted era... Creí que...

—No se preocupe.

Hubo un silencio largo.

Me dirigí a mis suegros.

—Lo que les comenté ayer —logré articular al fin— no fue fingido.

—Lo sabemos —dijo el señor—. Mi esposa y yo lo discutimos y llegamos a la conclusión de que no tenemos derecho a participar en este problema...

Los miré fijamente. ¿Qué intentaban decirme?

—Yo siempre quise tener un hijo —continuó—. Cuando Shaden nació recuerdo que me sentía un poco triste porque había sido niña. El médico me reprendió con una frase que no se me ha olvidado desde entonces: AL EDUCAR A UN HIJO SE FORMA UN HOMBRE, PERO AL EDUCAR A UNA HIJA SE FORMA UNA FAMILIA. Más que nunca se aplica eso ahora. Amamos profundamente a Shaden. Nos ha costado mucho trabajo entender que debemos hacernos a un lado y dejarla vivir su propia vida, aunque sufra. No tenemos nada contra usted.

Las lágrimas comenzaron a martillarme los párpados.

—Perdónenme, por favor.

Mi suegro fue el primero en tenderme la mano. La tomé, pero al instante, sin saber quién de los dos había iniciado el gesto, nos abrazamos. Fue un abrazo firme, sincero, un acercamiento entre dos caballeros que hacen la paz. Me separé de él y miré a la señora. Con más recelo me ofreció el saludo, pero esta vez, consciente de ser yo el propiciador del ademán, la atraje hacia mí y la abracé. No me rechazó ni me palmeó, como su esposo;

simplemente se dejó hacer languideciendo de su postura firme y soltándose a llorar.

—Por favor —me dijo—, no haga sufrir a mi hija. Usted es un buen hombre.

Nos separamos y la tomé por los hombros para decirle que sí. El padre Lucano presenciaba la escena callado. Le tendí la mano. Me dio la suya sin dudarlo.

—Ánimo —comentó—, todo se va a arreglar, ya lo verá. Por mi parte no se preocupe. Si pasó algo malo, ya no lo recuerdo.

—Gracias...

Rodeé con un brazo la espalda de la señora y entramos a la habitación. Un hálito mágico, pesaroso, incierto, inundó el recinto.

Shaden se quedó boquiabierta mirándonos como si se tratara de una aparición. ¡Su madre estaba llorando y yo la abrazaba!

El señor Vallés se puso de pie. Las visitas lo saludaron, se acercaron a Shaden para darle un beso y el sacerdote caminó hasta la cama del pequeño.

Mi esposa explicó a los presentes cómo el niño volvió en sí y las tristes circunstancias en que lo hizo. Hubo muchas preguntas y exclamaciones de asombro.

Después de un rato Vallés se percató de que éramos demasiadas personas en el lugar. Se despidió con ademanes corteses y salió del cuarto. Lo seguí.

—Qué rápido regresó.

—No me he ido —confesé.

—Lo supuse.

—Señor Vallés... ¿Por qué nos ha brindado tanto apoyo? Una cosa es la ética de ayudar a un empleado en sus conflictos y otra convertirse en mediador...

—Detesto ver que las familias se deshagan simplemente por manejar mal los conceptos...

—Discúlpeme que lo contradiga, pero esa me parece una razón ilógica. Hay millones de casos así. Las estadísticas dicen que más del cincuenta por ciento de los matrimonios fracasan. Usted es un importante empresario, no un consejero matrimonial... ¿Por qué ha hecho todo esto por nosotros?

Me miró evasivamente, como un hombre acorralado en flagrante delito. Se encogió de hombros y suspiró.

—Algo muy especial ocurrió en mi matrimonio hace años... Eso me hizo formar parte de una cadena de compromiso. Algún día, tal vez me entienda. Hice una promesa. Fue algo muy fuerte. Una promesa sagrada. Por eso estoy aquí.

Me encogí de hombros.

En la sala de visitas estaba para una mujer observándonos. Sentí que el suelo se abría bajo mis pies. ¿Venía a hablar conmigo, con Vallés o con mi esposa? ¿Venía en son de empleada, de amante o de rival?

—Karen... —dijo el anciano al verla—. ¿Qué hace usted aquí?

17

¿EN QUÉ PENSABAS, SEÑOR?

La esbelta mujer se acercó a nosotros con lentitud. Traía puesto un jumper color verde y zapatos deportivos.

—Como puede ver —le dijo al presidente apenas estuvo cerca—, no vengo vestida con el uniforme de la empresa.

Vallés asintió sin decir nada.

—De acuerdo, ¿y?

Karen me miró de reojo.

—Necesitaba arreglar un asunto… No puedo presentarme a trabajar mientras tenga eso pendiente.

Mis suegros, acompañados del padre Lucano, se reunieron con nosotros en el pasillo. La secretaria gerencial parecía cohibida entre tanta gente.

—¿Se trata de problemas con la empresa? —preguntó el anciano.

Karen negó con la cabeza. Comencé a transpirar. Si pretendía hablar conmigo, yo no quería hacerlo; si iba a hablar con el señor Vallés, yo estorbaba.

Shaden estaba sola.

Aunque ansiaba saber hasta dónde quería llegar la mujer que casi pudo convertirse en mi amante, me disculpé con todos y di la media vuelta para entrar a ver a Daniel.

En la habitación podía percibirse un olor agudo antiséptico. Mi hijo seguía durmiendo apaciblemente. Le habían retirado la botella de suero. Mi esposa se hallaba encorvada, tapándose el rostro con ambas manos. Al escuchar el leve rechinido de las bisagras de la puerta se limpió la cara y se incorporó para ver quién había entrado. Sus ojos enrojecidos delataban un llanto reciente.

Tras de mí cerré la puerta rogándole a Dios que nadie nos interrumpiera, al menos no Karen...

Me senté frente a mi mujer sin decir palabra. Volvió a inclinar la cabeza sabiendo que se avecinaba otra tormenta. No cooperó, pero tampoco eludió la situación.

—Necesito que hablemos, Shaden ... La incertidumbre y la soledad están acabando conmigo...

No sé por qué, al pronunciar estas palabras cerca de nuestro hijo enfermo, recordé nítidamente la escena en la que el cataclismo estaba a punto de ocurrir: yo me hallaba acostado con los ojos cerrados; Daniel acababa de sufrir el primer ataque compulsivo; mi esposa trataba de acercarse y yo la rechazaba. ¡Qué curiosa forma tiene la vida de devolvernos los golpes! El mal que hiciste a alguien tarde o temprano se volverá contra ti; el escenario del que fuiste protagonista antes de que mueras te escarnecerá el alma...

—¿Qué nos está pasando, David? Me siento muy sola.

Quise contestar: "yo también", pero mi boca permaneció cerrada.

Trató de sentarse en la cama junto a mí y, como no hallara espacio, se levantó confundida y triste.

Abrí los ojos. En la habitación se respiraba un ambiente nostálgico y agobiante, como si el aire hubiese multiplicado su densidad y tratara de aplastarnos...

—¿Qué es lo que te pasa? ¿Estás enojado conmigo? ¿Te hice algo? ¡Dímelo! ¡Ya me cansé de tu silencio!

Mi corazón latía presuroso.

—No sé cómo empezar —intenté. Extraje del bolsillo de mi camisa un papel doblado en cuatro partes y se lo tendí diciéndole—: Esto lo escribí por la noche ¿Sabes?, en ese viejo sillón es imposible dormir...

Shaden tomó la hoja con desinterés. Hasta entonces levantó los ojos para verme. Qué hermosa parecía no obstante también denotar absoluta falta de ánimo. En su rostro se adivinaba falta de aflicción y pesadumbre. Parecía derrotada, resignada. Eso me causó una gran aprensión. Tal vez después de escuchar las bases del perdón y la esencia vital de la mujer, se estaba mostrando ante mí con la guardia abajo, sin ánimos ni argumentos para defenderse. ¡Pero yo no la quería así! No permitiría que volviera a mi lado si había dejado de amarme.

—Cariño —le dije con cautela—, tengo que confesarte una cosa. Escuché parte de la conversación que tuviste con el señor Vallés hace unos minutos —levantó las cejas en señal de alerta— y aunque creo que cuanto te dijo es verdad, también me he convencido de que los hombres no somos dueños de nuestras mujeres; el acta de matrimonio no es una factura; la esposa no es un objeto; nadie tiene el derecho de tratar a su cónyuge con ínfulas de propiedad. ¡Qué forma tan dura de aprender la lección, mi vida! ¡Cuántos errores cometí contigo! —la voz se me quebró—. ¡Cuántas humillaciones te hice! ¡Cuántas escenas de machismo y autoridad desmedida tuve con alguien que no cometió más pecado que amarme y entregarse a mí sin condiciones!

Mis palabras debieron ser como una mano que toca la herida abierta, porque bajó la cara y comenzó a llorar.

La miré con nostalgia. Yo era una persona de buen corazón. Las estupideces cometidas se debieron a la inmadura idea de quererla educar como a una alumna neófita. Ella se casó conmigo no para ser instruida sino para ser *mi socia,* mi compañera... Y yo, desilusionado por la aparente falta de afinidad entre nosotros, en vez de darle su lugar me dediqué a hacerle la vida imposible...

Shaden respiró y se limpió el rostro para encararse conmigo. Permaneció quieta, inmutable como una estatua que no se sabe si está a punto de desmoronarse o de ponerse en pie...

Comprendí que no tenía la menor intención de leer la hoja escrita que le di, así que la recuperé con un movimiento suave y la desdoblé.

—Voy a leértela. En realidad, no es una carta para ti —aclaré—. Es una plegaria, una visión, un presentimiento que tuve... Comencé a escribirla la noche que te fuiste de la casa y pensé mucho en ella el día en que estuve en la cárcel por haber golpeado al padre Lucano...

Sus ojos me traspasaron como rayos gamma.

—Lo siento. Yo supuse que era tu amante... Después me enteré de que era un sacerdote...

No hizo el menor gesto ante lo que debió parecerle una suposición absurda.

—¿Sabes, Shaden? —continué con voz muy baja—. Desde hace muchos años yo he pensado que en realidad NO formábamos la pareja adecuada y que quizá tú hubieses hallado la felicidad casándote con otro hombre y yo la plenitud unido a otra mujer más afín. Pero estaba equivocado... Quiero que escuches mi plegaria original y el sueño que tuve anoche...

Inicié mi lectura entrecortadamente, haciendo frecuentes pausas.

¿En qué pensabas, Dios mío, cuando hiciste aparecer en mi vida a Shaden y propiciaste nuestra unión sabiendo que no éramos compatibles?

¿En qué pensabas, Padre, cuando hincado con ella frente a tu altar nos bendijiste conociendo las enormes dificultades que nos esperaban?

¿En qué pensabas cuando ocultaste nuestros defectos permitiendo que nos diéramos cuenta de ellos siendo demasiado tarde?

No creo en el azar. Hay demasiada perfección en la naturaleza, en el reino vegetal y animal, en el mundo microscópico, en el universo entero para suponer que todo es obra de la casualidad; no creo en ella, no creo en destinos nefastos ni en la mala suerte. Creo en ti, Señor. Creo que de alguna forma tú piensas las cosas antes de que ocurran y nosotros formamos parte de tus sueños.

Dime, por favor, ¿cuál era tu sueño cuando permitiste en nuestro hogar esas crisis económicas que nos llevaron a discutir sobre dinero y mando?

¿En qué pensabas, Señor, cuando nos diste este hijo tan especial, a quien Shaden y yo amamos separadamente con toda

el alma, pero a quien nos cuesta tanto trabajo amar unidos?

¿Cuál era tu sueño, Padre, al dejar que mi esposa y yo nos alejáramos y nos perdiéramos la confianza?

No soy un hombre malo; soy simplemente un ser humano que ha perdido el control de su vida. Con tal de no estar en mi casa solía alargar las horas de trabajo o irme con amigos; y cuando llegaba a ella gritaba, regañaba, me enfurecía o simplemente me encerraba con doble llave... Pero hacer eso me produjo un gran vacío, una gran infelicidad, porque si no tenía una familia para la cual trabajar, mi trabajo perdía totalmente su sentido.

Señor, dame una luz. ¿En qué pensabas cuando permitiste que este caos se apoderara de mi hogar? ¿En qué pensabas, Señor...? ¿Cuál era tu sueño?

Estuve dando tumbos varios días preguntándome todo esto hasta que, hace un rato, caí rendido con la cara llena de lágrimas secretas.

Apenas recosté la cabeza en el sillón del hospital, sentí que mi alma penetraba por un abismo enorme y me estremecí al escuchar una profunda y penetrante voz:

¿No te das cuenta de que mi sueño ha sido siempre tu dicha? ¿Que un hogar lleno de alegría es lo que pensaba para ti? La mujer que te di por compañera es con la que mejor aprenderías las lecciones importantes de la vida. Con ella, y sólo con ella, ibas a poder engendrar el hijo que tienes. Yo había trazado grandes planes para él. Despierta. Por favor. Una familia fuerte se construye con sacrifico y trabajo, pero no has querido pagar el precio, no has estado dispuesto a esforzarte más. Todo lo has deseado muy fácil y con tu egoísmo lo estás echando a perder. Pretendes la felicidad en bandeja de plata, pero sólo se es feliz cuando se contempla el fruto del esfuerzo propio. Tú eres mi sueño. He pensado en ti siempre que te ofrezco una disyuntiva en el camino; quiero lo mejor para ti, para tu esposa, para tu hijo. Pero no voy a quitarte la libertad de decidir, no eres un robot. ¡Eres libre! ¡Reacciona ahora! ¡Estás a tiempo! ¡Aún puedes convertir a

tu familia en aquello que yo pensé; aún puedes hacer realidad mi sueño…!

El volumen de mi voz fue tan alto al terminar de leer la parábola que Daniel se inquietó, comenzó a moverse y a quejarse… Shaden y yo, ansiosos, nos pusimos de pie, pero a los pocos segundos el pequeño se acomodó y volvió a quedarse dormido.

—Me enteré de que vino a verte una mujer llamada Karen —aventuré—. Lo que te dijo fue mentira.

—¿Lo fue, David?

—Bueno… Es cierto que entre ella y yo hubo algo, pero no llegó a mayores.

—¿A qué le llamas "mayores"?

—No tuvimos relaciones sexuales…

—¿Ah, sí? Pues ella me describió la cicatriz de la operación de tu hernia inguinal. ¿Se la enseñaste como muestra de compañerismo?

La sangre se me subió a la cabeza. Era de suponerse. La muy bribona le había dicho a mi esposa que…

—¿Qué fue lo que te dijo? —increpé furioso.

—Sólo la verdad, David…

—Pero espera… —me puse de pie y comencé a caminar por la habitación respirando agitadamente—. Eso no es cierto… Nunca fuimos amantes.

—Esa mujer vino a desahogarse conmigo, estuvo llorando, David. Me explicó que tú la buscaste porque te sentías vacío; me aseguró que entre ella y tú hubo siempre una atracción muy fuerte… Me dijo que se amaban, que se habían besado, acariciado y que…

Shaden se interrumpió pues las lágrimas estuvieron a punto de brotar de sus ojos. Las reprimió. No quería llorar frente a mí hablando de ese tema para que no pensara que era por mí…

Me invadió una desesperación indómita. Un hombre casado, hallándose frente a una extraña que le ofrece su calidez, sus caricias, su consuelo, su cuerpo desconocido para él, fácilmente pierde la visión de las cosas y se deja llevar por la seductora tentación (la fin y al cabo es sólo una aventura pasajera y nadie tiene por qué enterarse); pero no se da cuenta de que además de la visión pierde su valor intrínseco, quedando maniatado a merced de alguien que puede destruirlo de un zarpazo si le viene en gana.

"Imbécil, cretino, estúpido…", me repetía mentalmente mientras caminaba. "Eso y más te mereces…"

—Perdóname, Shaden —dije entrecortadamente—. Es cierto que siempre admiré a Karen, es cierto que la quise…, pero como amiga, como una gran amiga. Algunas veces le platiqué de lo mal que iba mi vida sentimental… Hubo abrazos y caricias, pero nunca hicimos el amor…

Shaden tardó en contestar. Mi confesión, lejos de ayudar a despejar sus dudas, la hizo sentir aún más desilusionada.

—Ayer me llamó nuevamente para decirme que te dejara libre de una vez, que ustedes se amaban —comentó Shaden en voz baja—. Le colgué el teléfono cuando me informó que posiblemente estaba embarazada de ti.

—¿Eso te dijo la muy…? —me levanté como movido por un resorte—: ¡Es mentira, Shaden!

Salí de la habitación y corrí por el pasillo rumbo a la sala de visitas. Si Karen pretendía chantajearme no me detendría en hacerla desmentirse. Seguramente en ese momento estaría platicándole sus penas al señor Vallés. Iría por ella, la traería por la fuerza si fuese preciso y me encararía con ella frente a mi esposa…

18

LA ÚLTIMA
OPORTUNIDAD

Llegué a la sala de visitas, pero no hallé sino al aseador que vaciaba los cestos de basura en su carrito. Le pregunté por las personas que estaban allí y me informó que se habían ido… Con grandes zancadas acudí hasta el mostrador de enfermería.

—Eran cinco adultos: los padres de mi esposa, el gerente de mi empresa, un sacerdote con anteojos y una mujer vestida de verde, ¿no sabe usted dónde se metieron?

Todos se habían retirado cinco minutos antes. No lo pude creer. El asunto pendiente que había traído a la secretaria gerencial hasta ahí debía ser resuelto por mí (al menos eso creía yo), de manera que si las visitas habían desaparecido, con toda seguridad Karen no tardaría en reaparecer por algún rincón para negociar el conflicto con la persona indicada.

Estuve paseándome por los pasillos buscándola, pero fue inútil, no estaba…

"Si vuelve", me consolé, "seguramente irá directo a la habitación de Daan y ahí la estaremos esperando."

Apreté los dientes y regresé con pasos cortos mirando a mi alrededor… Shaden, recargada en el vano de la puerta me observaba.

—¿La viste? —le pregunté.

—Sí. No sé a qué vino, pero ya se fue.

Mi esposa entró nuevamente al cuarto con actitud pensativa.

—Por favor —le dije tomándola del brazo para obligarla a mirarme—. Olvidémonos de la gente que está afuera. Concéntrate por favor en el hecho de que estamos tú y yo solos...

—¿Qué quieres decir?

—¡Estamos solos! ¡Reconóceme! Soy tu esposo... Soy la persona de la que te enamoraste hace años. Juntos iniciamos una aventura en la que prometimos no separarnos jamás. Hemos cometido errores. Los problemas nos han aplastado hasta casi asfixiarnos, pero seguimos juntos... Bien o mal aquí estamos. Con nuestro hijo... ¡Vamos a tomarnos fuerte de la mano los tres! Y si el cataclismo nos aparta, que sea a los tres o a ninguno...

Shaden bajó la cara con angustia y dolor evidentes. No podía moverse. Tal vez deseaba decirme que sí, pero también deseaba no estar ahí. Volver el tiempo atrás y comenzar de nuevo: con la alegría y el entusiasmo que teníamos de recién casados, con las ilusiones frescas y el corazón confiado en que todo iba a ser felicidad.

—¿Qué es lo que te pasa? ¿Por qué no puedes perdonarme? —le pregunté—. ¿Tienes dudas respecto a si embaracé o no a esa mujer?

Movió la cabeza negativamente y caminó hacia su bolsa para tomar los pañuelos desechables.

—Cuando me visitó y la vi tan mal, sentí un gran coraje contra ti por atreverte a seguir haciendo daño a otras personas. Pero cuando me dijo que posiblemente estaba embarazada, me di cuenta de que, si fuese cierto, la mujer no se hubiese atrevido a traerme al hospital ese dolor, a menos que quisiera tenderme una trampa o que se tratara de una tipa terriblemente mala. Le dije que se fuera, que me dejara en paz y que arreglara sus problemas como pudiera, que yo no podía ni quería ayudarla...

—Gracias por no haberle creído.

—David, yo sé que eres honrado, que eres un contador excesivamente ético, que nunca me has sido infiel. Si me dan a elegir entre tu palabra y la de una desconocida, te creeré a ti porque te conozco en ese aspecto. Pero, ¡caramba!, tú mismo me acabas de confesar que te enamoraste de ella, la acariciaste, la besaste... Eso me parte en dos... ¿Y sabes por qué? Porque no es *la fidelidad del*

cuerpo lo más importante en la pareja, sino la del alma.
Además…, tu agresividad, tus golpes, la presencia del whisky la noche en que nuestro hijo tuvo el estatus epiléptico. Todo eso me hace sentir insegura a tu lado. Estamos solo tú y yo, con nuestro hijo, es cierto, pero he llegado a creer que estaríamos mejor sin ti…

Shaden tenía el control. Sus palabras eran mortalmente filosas y yo me sentía inerme como un animal acorralado.

—Debemos discutir una sola cosa a la vez.

—¿Cómo?

—En la cárcel aprendí que la forma de pelear de una pareja determina el éxito de la pelea. Vamos punto por punto. Dejemos terminado el asunto de Karen. ¿Te daría igual si me hubiese acostado con ella y consumáramos el acto sexual? ¿Crees realmente que el daño sería el mismo…?

Atribulada, con la cabeza baja, reconoció:

—De acuerdo. Me alegro que las cosas no se hayan concretado. No por mí sino por ti. Entre Karen y tú existía la energía magnética. Si hubiesen tenido relaciones íntimas te habría envuelto la magia de una aventura amorosa, hubieras perdido la cabeza y caído en un abismo de sensaciones románticas extraordinarias. Sumándole el sexo al cariño que ya sentías, las cosas habrían sido infinitamente peores y ni siquiera estarías aquí; tu pasión extramarital hubiera crecido y al hallarte obsesionado por ella, cosa que aparentemente no te ocurre ahora, definitivamente tú y yo no tendríamos ninguna posibilidad de reconciliarnos.

—¿Eso significa que sí la tenemos?

—¡Son demasiadas cosas en contra!

Me desesperé y un nudo en la garganta me quitó la respiración.

—¿Qué otras cosas? ¿El alcohol? Sabes que dejé de tomar hace años…

Miré a mi hijo postrado. Recordé la premonición que tuve en el bar. La ola de culpabilidad volvió a embestirme de repente ante la idea de que, cuando él necesitaba de mí, yo estaba bebiendo para relajar mis nervios…

Me acerqué a la cama y la angustia me hizo temblar al momento que comenzaba a llorar.

Cerré los ojos con fuerza y dejé que las lágrimas fluyeran. Si Shaden quería acabarme, en realidad podía hacerlo...

Me volví hacia ella:

—Por favor, ¡ayúdame! Pensar que el niño está así por causa mía, me está hundiendo... Y yo no me quiero hundir... ¿Por favor, ayúdame!

Shaden no se acercó. Sólo me miró fijamente. Luego se sentó en la silla y me dijo:

—Me has herido mucho, David. Cuando vino a verme mi mismísima rival en persona, en medio de este problema, después de tus agresiones y después de que yo levanté los cargos para ayudarte, me sentí la mujer más humillada. Mi primera reacción fue odiarte, fue vengarme..., fue buscar la forma de hacerte sentir lo mismo, porque tu traición era injusta. Yo siempre te he sido fiel, me entregué a ti sin condiciones, te di mis mejores años, tú lo sabes. Cuando me conociste era esbelta y bonita, ahora mi cuerpo se ha deformado, es cierto, pero fue por darte el hijo que tienes y por hacer el intento de tener otros que no pudieron ser y porque desde que nos casamos ni un solo día he descuidado el trabajo de tu casa.

Me controlé y la observé hablar con tanto dolor y seguridad. En sus palabras había más que ideas: había emoción y fuerza del alma misma.

—Tal vez ya no te guste como antes —continuó con voz trémula comenzando a llorar abiertamente—, aunque tú también has cambiado. Cuando te conocí no tenías el vientre que ahora tienes ni te quejabas de la espalda al levantarte; los problemas nos han hecho distintos a los dos, pero no creí que por eso nos alejaríamos. Siempre pensé que era nuestro vínculo secreto. Cuando me di cuenta de tu mala conducta me sentí terriblemente sola. No sé si me entiendas, pero mis emociones han estado hechas un revoltijo. Quiero que volvamos a hacer nuestra familia al mismo tiempo que deseo no volver a verte jamás. Con frecuencia me he levantado en la noche llorando, sobándome la mejilla después de soñar con tu infame golpe...

No pude contestar nada. Shaden se puso de pie y, apenas tomó aire, limpiándose las lágrimas continuó:

—Dice el señor Vallés que para perdonar hay que enfrentar al dolor, valorar el costo y regalarlo. En este caso, ¡qué difícil es dar esos pasos! Tú me dices que te has arrepentido y que las cosas van a cambiar. Y yo te digo que las heridas que me hiciste sangran y seguirán sangrando por mucho tiempo. Te digo que sigo teniendo deseos de vengarme, pero también te digo que soy una mujer buena que no está dispuesta a seguir envenenada por el rencor y sobre todo...

El llanto la detuvo. Me aproximé a ella. Se repuso un poco y terminó:

—Sobre todo te digo que aún te amo... No puedo racionalizar diciendo que no me afecta lo que has hecho... Tu hermetismo, tus gritos, tus arranques, tu infidelidad, ¡claro que me afectan! ¡Por supuesto que me hacen daño! Me lastiman... —su voz se confundió con el llanto, pero eso ya no la detuvo—, pues en verdad te amo. Y amarte me duele mucho esta vez. Sólo de pensar en el enorme amor que siento por ti, lloro..., no puedo detener estas lágrimas... ¿Sabes por qué? Porque no te lo mereces, porque tu ofensa me cuesta una parte del alma... Pero escúchame bien: voy a completar el proceso —casi se ahogó en su llanto, pero levantó la cabeza e hizo un esfuerzo—, quiero pensar que esa parte te la regalo a ti.

Una bola en el cuello me impedía tragar saliva. Llorando, me acerqué hasta quedar a escasos centímetros del suyo. Ella, con la cabeza baja, también lloraba copiosamente. Quise limpiar sus mejillas, pero al instante levantó las manos y me abrazó.

Impresionado, conmovido hasta las raíces por su inesperada actitud, reaccioné apretándola a mi vez. Fue un abrazo fuerte, tan fuerte como no habíamos experimentado otro desde hacía muchos años...

—Te perdono —continuó hablándome al oído—. Estoy dispuesta a dártelo como un regalo. Si tú aún me amas, seguiremos adelante, sin volver la vista atrás, olvidando los errores. Más que nunca soy tuya y tú más que nunca formas parte de mí...

Permanecimos enlazados por varios minutos sin poder decir nada más. Si a mí normalmente me costaba especial trabajo externar mis sentimientos, en ese trance me resultó imposible. Tenía la esperanza de que mi cuerpo hablara por sí solo, de que la fuerza y desesperación de mi opresión dijera todo lo que había en mi interior.

—Te adoro, mi amor —susurré.

Después de un rato nos separamos y nos miramos a la cara.

—No sabes cómo he sufrido —me dijo—. Abandonarte fue un recurso para hacerte reaccionar. Los papeles del divorcio que te envié se hicieron por recomendación de otras personas, pero mi alma estaba aplastada porque en realidad no quería deshacer nuestro hogar.

Me pareció intranscendente preguntarle de quién había sido la ayuda y recomendación legal. No tenía caso. Lo importante era otra cosa:

—Funcionó —le dije limpiándome el rostro—, eso es lo único que importa. No te imaginas lo que puede aprenderse cuando sientes perderlo todo.

Me quedé cavilando en el asunto. Existe gente neurótica, psicópata, alcohólica o inadaptada, que no sirve para tener vínculos amorosos. ¿Cómo detectarla antes de que destruya a su pareja? Así: poniéndola a temblar. Si las personas no entienden con palabras, por la buena, que lo primero en su vida debe ser su cónyuge, si no captan el mensaje de que el matrimonio se pierde por flojera, por negativismo y falta de tiempo, la estrategia correcta es poner un alto terminante. Tolerar las atrocidades de una persona malvada, lejos de ayudarla, la perjudica al dejarle creer que todos tienen que aguantarla.

Me atreví a tomar entre mis manos el rostro de Shaden y acercar mis labios a los suyos para besarla muy suavemente. Luego con mis labios limpié las lágrimas de sus mejillas y otra vez la abracé muy fuerte. Con tan intensa cercanía mi cuerpo se excitó, pero era muy diferente a la excitación que sentí cuando estuve con Karen. Ésta iba más allá de mis instintos: llegaba a mi corazón y sacudía mi alma misma...

—¿Sabes qué fue lo que me hizo rebelarme contra la idea del divorcio todo este tiempo? —le dije separándome un poco—. Varias veces, estando lejos, recordé la promesa que nos hicimos y firmamos en aquel encuentro conyugal, y que tú dejaste sobre la mesita del teléfono para que yo la viera la noche que te golpeé.

Se apartó tomando mis manos con las suyas.

—Yo no puse nada sobre la mesita del teléfono esa noche.

—¡Pero claro! Cuando hablabas por la extensión de la sala vi el papel amarillento que hacía varios años no sacabas. Había sido abierto y colocado de forma evidente para que yo lo descubriera.

Me miró muy fijo y negó con la cabeza.

Inmediatamente nos volvimos hacia nuestro hijo.

—Fue él...

Comprender su inocente acción me hizo volver a las lágrimas.

¿De modo que nos oyó discutir y aún después de su crisis convulsiva se puso de pie, buscó aquél documento y lo puso a la vista de sus padres?

—Cinco años atrás —le recordé a Shaden—, de rodillas frente al altar, hicimos una renovación de nuestros votos matrimoniales: leímos y firmamos juntos ese papel pergamino...Esta tarde, frente a nuestro hijo... quiero invitarte a que hagamos la promesa de nuevo.

Mi esposa me miró llorando. Esta vez su llanto fluyó abiertamente. Inhaló muy hondo y siguió llorando de forma transparente.

Nos arrodillamos frente a la cama del niño.

—¿Te sabes la promesa de memoria?

Asintió tratando de controlarse.

—Sí... El libro de Ruth, capítulo I, versículos 16 y 17.

Comenzamos a recitarla tomados de la mano, diciéndola casi simultáneamente, sintiendo la fuerza y contundencia de cada frase:

> —*No me pidas que te deje*
> *"No quiero separarme de ti...*
> *"Iré donde tu vayas.*
> *"Y viviré donde tú vivas.*
> *"Tu pueblo será mi pueblo.*
> *"Y mi Dios será tu Dios.*
> *"Donde tú mueras, quiero morir yo.*
> *"Y allí deseo que me entierren.*
> *"Que el Señor me castigue con toda dureza*

"Si me separo de ti.
"A menos que sea por la muerte...

Terminamos la promesa y nos volvimos a abrazar con mucha fuerza.

Sentíamos algo sobrenatural en la habitación. Un viento recio, un fuego que no quema, una presencia etérea. Dios estaba allí. En silencio le entregamos nuestro amor... Con la mente le dijimos "somos tuyos, te necesitamos, danos fuerza y valor para enfrentar el compromiso que hemos hecho hoy..."

Giré la cabeza y me quedé helado. Mi hijo Daniel tenía los ojos abiertos y nos observaba...

Eso no podía ser cierto. Sentí una daga fría de marfil penetrando en mi cerebro.

Me puse de pie. Shaden hizo lo mismo bisbisando: ¡Dios mío! ¡Dios mío!

—Hijo... —grité sacudiéndolo— ...¿me reconoces?

El pasmo de alegría se convirtió en desesperación.

—Por favor —insistí al verlo callado—. ¡Di algo!

Pero no reaccionó. Sentí un escalofrío lento y tremendo.

¿Acaso escuchó la promesa que su madre y yo acabábamos de hacer? ¿Es que sintió las intensísimas vibraciones del lugar? ¿Cuál fue el poderoso estímulo que lo hizo despertar?

—Daniel, somos nosotros. Papá y mamá. Vamos a volver juntos a la casa. Los tres. ¿Recuerdas que me pediste que regresáramos? Por favor... Regresa tú ahora... Te necesitamos.

Y al ver que el niño se hacía para atrás sin entender palabra, Shaden y yo lo abrazamos llorando con el alma hecha pedazos.

Tal vez el chiquillo percibió la fuerza de nuestro amor, tal vez hubo en su cerebro un chispazo de reconocimiento, porque nos abrazó y quiso emitir un sonido, pero su voz sonó como un silbido ronco.

—¡Habla! —grité—. ¡Haz el intento, por favor!

Se quedó quieto y mudo otra vez.

En su rostro ya no había temor, sólo una sonrisa leve, casi imperceptible.

—Somos tus papás —reiteré en un susurro.

Las palabras se atropellaron en mi boca.

—Mírame, hijo, soy yo, el que te sentaba en sus piernas para contarte cuentos, el que cuando fuiste creciendo se alejó poco a poco de ti... Te quiero mucho. De veras. Estoy orgulloso de ser tu papá...

Daniel me miraba a la cara.

Demasiado tarde me di cuenta de que el verdadero valor de la vida no tiene precio, no puede comprarse con nada. Años de entrega a la labor económica no sirven para cambiarlos por un minuto de la vida de nuestros seres queridos. Extemporáneamente comprendí que la máscara social nos aleja del amor. ¿De que me servía quitármela entonces y decir "aquí estoy, veme, soy yo, el verdadero yo, un ser que sufre, se emociona y vibra", cuando ya no podía ver si mi niño era capaz de observarme *realmente*?

Shaden no resistió más y volvió a abrazar a nuestro hijo con amor ingente, con desesperación enloquecida.

—No importa... —susurró—. Nosotros te ayudaremos. Cuenta con ello.

EPÍLOGO

A los pocos días nos enteramos de que Karen había ido al hospital no con intenciones de hablar conmigo ni con mi esposa sino con el señor Vallés. Sólo deseaba solicitarle su traslado urgente a las oficinas del sur. Ignoro los argumentos que utilizó, pero lo cierto es que el anciano le concedió el cambio de inmediato.

A la mañana siguiente dieron de alta a Daan. Tener en nuestros brazos un bebé de nueve años de edad significó empezar una nueva etapa. La nostalgia del ayer, de lo que pudo ser y no fue, nos invadía a mi esposa y a mí, pero la esperanza de lo que podía llegar a ser nos levantaba el ánimo.

Han pasado once meses desde el día en que Shaden y yo nos perdonamos. Han sido los meses más grandiosos de nuestro matrimonio: plenos de trabajo y desvelos pero también de lucha y entrega mutua.

Hemos vivido sin alejarnos ni un solo día de Dios. Él nos ha dado un motivo trascendental de existir y nos ha ayudado a entender que todo cuanto sucede tiene una razón de ser. Él se hizo presente para demostrarnos su gran amor. En la crisis aprendimos a valorar lo que tenemos.

Por las noches cuando llego del trabajo, después de jugar un rato con mi hijo, que está evolucionando muy lentamente pero de forma clara, suelo sentarme a escribir las memorias que hoy estoy terminando.

Supe que debía escribirlas desde el día en que dejamos el hospital.

No fue fácil. Muchas veces el dolor me invadió y tuve que interrumpir la redacción debido al llanto.

Revivir tan detalladamente los sucesos acontecidos me produjo una tristeza enorme. Sin embargo he continuado hasta el final convencido de que sólo estoy cumpliendo con un deber ineludible.

El presidente de la empresa había hecho el juramento de ayudar a otros matrimonios después que el suyo se salvó de la peor crisis. Al favorecernos con su apoyo, tácitamente nos legó, a mi esposa y a mí, la consigna de hacer una promesa igual.

Ahora formamos parte de esa cadena de compromiso...

El señor Vallés y su esposa con un eslabón, Shaden y yo somos otro. Pero hay muchas parejas más que deben asirse de la cadena para no perecer...

Estamos seguros de que CASI TODOS LOS MATRIMONIOS PUEDEN SALVARSE. Sólo requieren escuchar o leer con humildad las verdades de la integración conyugal expresadas en estas páginas y estar realmente dispuestos a cumplir el voto que se hicieron de ser fieles en la alegría y en el dolor, en la salud y en la enfermedad, amándose y respetándose todos los días de su vida.

Las cosas no suceden por azar.

Detrás de aspectos tan profundos siempre existen razones de Dios.

"La última oportunidad" está en tus manos por algo.

¿Va mal tu matrimonio? ¿Crees que te uniste a la persona equivocada?

¡No te aflijas! Tú puedes rehacer tu vida conyugal sin importar con quién estés casado o casada. Acéptalo, asimílalo: no depende de una magia romántica, depende de una mentalidad adulta.

Lee este testimonio e invita a tu cónyuge a hacerlo, pero no lo obligues. Dale su tiempo. Cuando perciba tu entusiasmo querrá conocer el libro que te ayudó a cambiar...

Subraya estas páginas, estúdialas, resúmelas, hazlas tuyas, vuelve atrás en la lectura y obséquialas a otras familias. Es necesario que formemos un frente sólido, pues la lucha contra el mal organizado es cada vez más cruenta.

La cadena que salve a los matrimonios de la desintegración no debe terminarse. Debe ser cada vez mayor.

Brinda una copia de estas hojas no sólo a las parejas que veas en crisis, sino también a aquellas que supuestamente no tienen problemas, pues nadie sabe lo que hay en realidad detrás de su aparente calma.

Abraza a tu cónyuge y juntos enfrenten el compromiso que la vida les está pidiendo **HOY.**

Unidos podemos trazar la línea de amor para que puedan asirse a ella los hijos de Dios... Formen, como esposos, otro eslabón y tengan confianza. La cadena nunca se romperá ni se soltará, porque pueden estar seguros de una cosa: hasta arriba, quien sostiene la primera argolla, es Dios mismo.

David y Shaden Arias...